新能源汽车电气技术

组　编　北京百通科信机械设备有限公司
主　编　宋广辉　张凤娇　苏　忆
副主编　郝宝兰　吴明达　明建平
参　编　薛明芳　鲁学柱　唐永明　温举林　吴金华　朱尚功
　　　　张　宝　裴乐营
主　审　谭　婷

机械工业出版社

本书是新能源汽车相关专业"岗课赛证"综合育人系列教材,按照新能源汽车装调与测试职业技能等级证书和全国职业院校技能大赛汽车类相关赛项要求编写,主要内容包括新能源汽车电气维修基础的认知、新能源汽车照明与信号系统的检修、新能源汽车仪表与报警系统的检修、新能源汽车辅助电气系统的检修、新能源汽车暖风与空调系统的检修、新能源汽车电池热管理系统的检修和新能源汽车整车电路故障的检修,共7个项目,计17个学习任务,每个学习任务都按照学习目标、任务描述、获取信息、学习任务单、任务实施、工作任务单和课证融通考评单进行教学闭环设计。

本书为校企合作开发教材,按照工作手册式教材形式打造,借助"互联网+"及信息技术,使本书内容立体化、可视化、数字化,能够满足"人人皆学、处处能学、时时可学"的学习需要,为学习者提供"能学、助教、助训、助考"的课程资源。

本书图文并茂,可操作性强,可作为新能源汽车技术及相关专业的教学用书,也可作为新能源汽车装调与测试职业技能等级证书的考试用书,还可作为新能源汽车整车及关键零部件制造、修理与维护等行业的整车制造人员、汽车工程技术人员、维修技术服务人员等的培训用书和汽车爱好者的科普读物。

为方便教学,本书配有电子课件、电子教案、答案等资源。凡选用本书作为授课教材的教师均可登录www.cmpedu.com,以教师身份注册后免费下载。或来电咨询,咨询电话:010-88379201。

图书在版编目(CIP)数据

新能源汽车电气技术 / 宋广辉,张凤娇,苏忆主编. —北京:机械工业出版社,2023.2(2025.1重印)

ISBN 978-7-111-72322-6

Ⅰ. ①新⋯ Ⅱ. ①宋⋯ ②张⋯ ③苏⋯ Ⅲ. ①新能源-汽车-电气系统-职业教育-教材 Ⅳ. ①U469.7

中国版本图书馆CIP数据核字(2022)第252564号

机械工业出版社(北京市百万庄大街22号 邮政编码100037)
策划编辑:师 哲 责任编辑:师 哲
责任校对:樊钟英 贾立萍 封面设计:张 静
责任印制:李 昂
天津市银博印刷集团有限公司印刷
2025年1月第1版第9次印刷
210mm×285mm・12.25印张・283千字
标准书号:ISBN 978-7-111-72322-6
定价:54.00元

电话服务 网络服务
客服电话:010-88361066 机 工 官 网:www.cmpbook.com
         010-88379833 机 工 官 博:weibo.com/cmp1952
         010-68326294 金 书 网:www.golden-book.com
封底无防伪标均为盗版 机工教育服务网:www.cmpedu.com

职业教育新能源汽车技术专业系列教材编审委员会

主　任　吴书龙　戴景岩
副主任　张　萌　邸玉峰
委　员　苏　忆　毕丽丽　程玉光
　　　　　　陈　静　高　武　郭化超
　　　　　　龚文资　李志军　黄维娜
　　　　　　牛　伟　郑军武　谭　婷
　　　　　　袁　牧　杨效军　王　斌
　　　　　　宋广辉　张凤娇　王　博
　　　　　　杨永志　王桂成　薛庆文
　　　　　　吕世敏　马　鑫

前言 PREFACE

2020年11月，国务院办公厅印发的《新能源汽车产业发展规划（2021—2035年）》中指出总体思路：以习近平新时代中国特色社会主义思想为指引，坚持创新、协调、绿色、开放、共享的发展理念，以深化供给侧结构性改革为主线，坚持电动化、网联化、智能化发展方向，深入实施发展新能源汽车国家战略，以融合创新为重点，突破关键核心技术，提升产业基础能力，构建新型产业生态，完善基础设施体系，优化产业发展环境，推动我国新能源汽车产业高质量可持续发展，加快建设汽车强国。

为满足行业对新能源汽车技术、智能网联汽车技术等领域专业人才的需求，促进高职院校汽车专业"岗课赛证"综合育人教学改革，编者结合新能源汽车装调与测试职业技能等级证书、全国职业院校技能大赛汽车技术赛项的要求编写了本书。本书的主要特色如下：

1）聚焦"岗课赛证"综合育人理念，对课程的知识点、技能点、项目资源进行重构设计，将项目评价、职业技能等级证书评价、全国职业院校技能大赛评价融入课程教学考核评价体系，注重实用性，体现先进性，保证科学性，凸显职业性，贯穿可操作性。

2）将文化教育与素质教育相融合，以专业人才培养目标为依据，以所在专业能力结构为主线，贯彻落实党的二十大精神，发挥铸魂育人实效。文字简洁、通俗易懂、图文并茂、形象直观，在培养学生专业能力的同时，关注学生身心的健康发展，坚定学生的理想信念，加强职业道德与爱国主义的教育，激发学生的家国情怀和使命担当，培养学生的工匠精神，培养适合新时代发展需要的高素质人才。

3）本书为校企合作开发教材，立足先进的职业教育理念，紧跟新能源汽车产业的发展步伐，反映产业升级和行业发展需求，体现新知识、新技术、新工艺、新方法、新材料。

4）本书按照工作手册式教材形式打造，借助"互联网＋"及信息技术，使本书内容立体化、可视化、数字化，能够满足"人人皆学、处处能学、时时可学"的学习需要，同时本书紧抓数字化机遇，将二维码等数字技术融入教材，助力学生学习成长，进一步丰富、优化、更新教材数字化资源，推进教育数字化。

本书由济南职业学院宋广辉、常州机电职业技术学院张凤娇、无锡商业职业技术学院苏忆任主编，山东公路技师学院郝宝兰、济南职业学院吴明达、赣州职业技术学院明建平任副主编。宋广辉编写项目一、项目五，明建平编写项目二，张凤娇编写项目三，郝宝兰编写项目六，吴明达编写项目四，苏忆编写项目七，薛明芳、鲁学柱、唐永明、温举林、吴金华、朱尚功、张宝、裴乐营也参加了本书的编写工作。另外，在本书的编写过程中，北京百通科信机械设备有限公司提供了大量的专业技术资料，在此表示感谢。

由于编者水平有限，书中不妥之处在所难免，敬请广大读者批评指正。

编　者

二维码索引

名称	图形	页码	名称	图形	页码
EV450 整车结构介绍		2	系统故障灯常亮故障诊断		70
EV450 电路图识读与分析		2	刮水器总成的更换		81
继电器和熔断器性能测量		25	刮水器不工作故障诊断		81
EV450 主继电器故障诊断		25	安全气囊总成的更换		89
远光灯不亮故障诊断		36	安全气囊故障灯常亮故障诊断		89
单侧近光灯不亮故障诊断		36	辅助蓄电池的更换		97
危险警告灯不亮故障诊断		45	辅助蓄电池指示灯常亮故障诊断		98
制动灯常亮故障诊断		45	起动开关的检测		105
仪表更换		58	一键起动无反应故障诊断		105
EV450 仪表不亮故障诊断		58	暖风不工作故障诊断		116

(续)

名称	图形	页码	名称	图形	页码
歧管压力表的使用		130	仪表信息无法正常显示故障诊断		165
空调压缩机不工作故障诊断		130	高压互锁故障诊断		171
冷却风扇不工作故障诊断		142	高压系统绝缘电阻检测		171
水冷水泵不转故障诊断		146	车辆无法加速故障诊断		178
电加热器不工作故障诊断		157	车辆无法换档故障诊断		178
EV450通信故障诊断		165			

目 录 CONTENTS

前言

二维码索引

项目一　新能源汽车电气维修基础的认知 ··· 1

　　任务一　电路图的识读 ··· 1
　　任务二　电气元件的识别和检修 ·· 17

项目二　新能源汽车照明与信号系统的检修 ······································ 30

　　任务一　自动变光系统的检修 ··· 30
　　任务二　转向信号系统的检修 ··· 40

项目三　新能源汽车仪表与报警系统的检修 ······································ 50

　　任务一　仪表系统的检修 ·· 50
　　任务二　报警系统的检修 ·· 62

项目四　新能源汽车辅助电气系统的检修 ··· 76

　　任务一　电动刮水器系统的检修 ·· 76
　　任务二　安全气囊系统的检修 ··· 86
　　任务三　电源管理系统的检修 ··· 94
　　任务四　无钥匙起动系统的检修 ·· 102

项目五　新能源汽车暖风与空调系统的检修 ···································· 110

　　任务一　暖风系统的检修 ··· 110

任务二　自动空调系统的检修 ··· 121

项目六　新能源汽车电池热管理系统的检修 ································· 136

　　任务一　电池冷却系统的检修 ··· 136
　　任务二　电池加热系统的检修 ··· 151

项目七　新能源汽车整车电路故障的检修 ··· 162

　　任务一　低压供电不正常的检修 ·· 162
　　任务二　高压供电不正常的检修 ·· 169
　　任务三　车辆无法正常行驶的检修 ··· 175

参考文献 ·· 184

项目一

新能源汽车电气维修基础的认知

新能源汽车电气维修基础的认知主要包括两个学习任务：电路图的识读、电气元件的识别和检修。

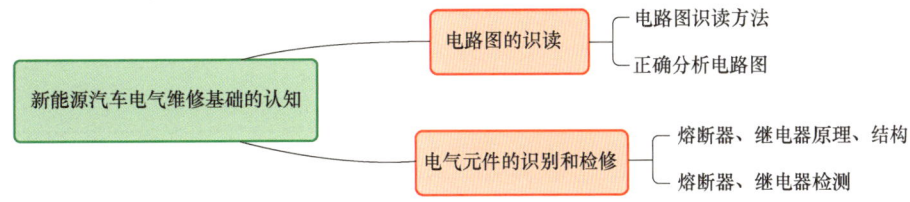

任务一　电路图的识读

要进行新能源汽车电路的检修，除了能识别基础的电气元件外，应能读懂新能源汽车的电路图。本任务以吉利帝豪 EV450 纯电动汽车为例，介绍新能源汽车电路图的识读。

【学习目标】

◎ 知识目标：

1）掌握新能源汽车电路图中元素的编码规则。

2）制订电路故障检修流程。

◎ 技能目标：

1）具备新能源汽车电路图识读的能力。

2）具备根据子系统电路图对故障部件从电源到接地的整个电路进行分析、判断、确定维修操作方案的能力。

3）能够举一反三，维修不同的新能源汽车。

◎ 素养目标：

1）在操作过程中树立高压安全意识。

2）通过制订故障检修流程，具备分析问题、解决问题的能力。

【任务描述】

一辆吉利帝豪 EV450 纯电动汽车，客户反映起动车辆后，汽车无反应，"READY"指示灯不能点亮，应急灯一直闪烁，仪表上除小汽车标志点亮及驻车灯点亮，其他信息没有任何显示，车外灯光可以正常点亮，仪表灯光符号正常显示。请根据该故障现象制订一份故障检修方案，并完成该故障的诊断与排除。

扫一扫
EV450 整车结构介绍

【获取信息】

扫一扫
EV450 电路图识读与分析

一、吉利帝豪 EV450 的电路图识读

1. 电路图中元素的编码规则

（1）线束插接器的编码规则　吉利帝豪 EV450 电路图中线束插接器的编号规则以线束为基准。例如，直流充电插座线束插接器编号为 BV20，其中，BV 为动力线束代码，20 为插接器序列号。各代码代表的线束见表 1-1。

想一想：

CA08 代表什么含义？

表 1-1　各代码代表的线束

代码	线束名称
CA	前机舱线束
BV	动力线束
IP	仪表线束
SO	底板线束
DR	门线束
RF	顶棚线束

（2）插接件端子　插接件连接用细实线表示，并用灰色阴影覆盖，用于与物理线束进行区别。物理线束用粗实线表示，颜色与实际导线颜色一致。

插接件自锁方向朝上，插接件插头端子按从左到右，从上到下进行编号；插接件插座端子按从右到左，从上到下进行编号。相互插接的线束插接器端子编号顺序互为镜像，如图 1-1 所示。

头脑风暴：

相互插接的线束插接器端子编号顺序为什么设成互为镜像的方式？

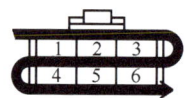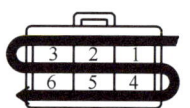

图 1-1　相互插接的线束插接器端子编号

（3）导线的类型和颜色

1）标准线：用于一般情况的导线连接，无屏蔽要求。

2）双绞线（见图 1-2）：如果电路中的线与线之间使用 8 字形标识，表示这两条线构成双绞线，双绞线主要用于传感器的信号电路或数据通信电路。

3）屏蔽线：屏蔽线用于需要屏蔽的场合，防止信号干扰。

如果导线为双色线，则第一个字母显示导线底色，第二个字母显示条纹色，中间用"/"分隔。例如标注为 G/B 的导线即为绿色底黑色条纹。

吉利帝豪 EV450 的电路图会显示导线颜色，颜色代码见表 1-2。

表 1-2 导线颜色代码

颜色代码	导线颜色	示例
B	黑色	
Gr	灰色	
Br	棕色	
L	蓝色	
G	绿色	
R	红色	
Y	黄色	
O	橙色	
W	白色	

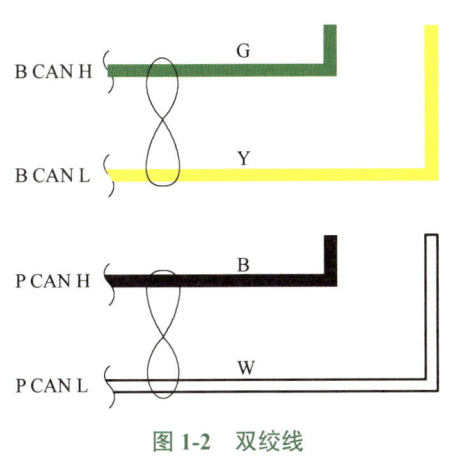

图 1-2 双绞线

（4）熔断器、继电器和接地点的编码规则

1）熔断器：熔断器编码由熔断器代码和序列号组成，位于前机舱的熔断器代码为 EF，室内熔断器代码为 IF。

2）继电器：继电器编码由继电器代码和序列号组成，位于前机舱的继电器代码为 ER，室内继电器代码为 IR。

3）接地点：接地点编码由接地点代码和序号组成，接地点代码为 G。

2. 电路图连续性说明

如果一个系统内容较多，电路需要用多页表示时，电路起点用 ▶ 表示，电路到达点则用 ◀ 表示，如一张图中有一条以上的电路转入下页，则分别以 B、C 等字母表示，以此类推，如图 1-3 所示。

导线节点：导线节点分为未连接交叉电路和相连接交叉电路，绘制方法如图 1-4 所示。

图 1-3 电路起点与到达点　　　图 1-4 导线节点

3. 电路图中的图形符号

图形符号是一种用来绘制电路图时，代表不同的电气元件的图形符号。例如蓄电池、电阻、继电器等。这些图形符号曾经因国家而异，但现在大多已国际标准化。吉利帝豪 EV450 的电路图中常用的图形符号见表 1-3。

表 1-3　图形符号

图形符号	名称	图形符号	名称	图形符号	名称
	二极管		灯泡		双绞线
	光电二极管		线路走向		起动机
	发光二极管		喇叭		电磁阀
	电动机		时钟弹簧		氧传感器
	限位开关		安全气囊		低速风扇继电器
	安全带预紧器		未连接交叉线路		相连接交叉线路
	接地		常闭继电器		蓄电池
	温度传感器		常开继电器		电容
	短接片		双掷继电器		点烟器
	电磁阀		电阻		天线
	小负载熔断器		电位计		常开开关
	中负载熔断器		可变电阻器		常闭开关

项目一 新能源汽车电气维修基础的认知

(续)

图形符号	名称	图形符号	名称	图形符号	名称
	大负载熔断器		点火线圈		双掷开关
	加热器		爆燃传感器		电磁阀

4. 电路图中部分线束的编号和位置

(1) 动力线束的编号及位置　动力线束的编号见表1-4，位置如图1-5和图1-6所示。

表1-4　动力线束的编号

线束插接器	名称	线束插接器	名称
BV01	动力线束接前机舱线束插接器	BV12	DC输出正极线束插接器
BV03	接前机舱熔断器、继电器盒（接线片1）	BV13	电机线束插接器
BV04	接前机舱熔断器、继电器盒（接线片2）	BV14	电机水泵线束插接器
BV10	充电机控制器线束插接器	BV24	交流充电插座线束插接器
BV11	电机控制器线束插接器	BV34	DC输出负极线束插接器

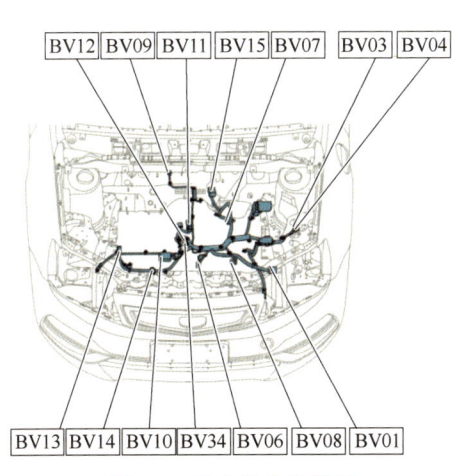

图1-5　动力线束位置图

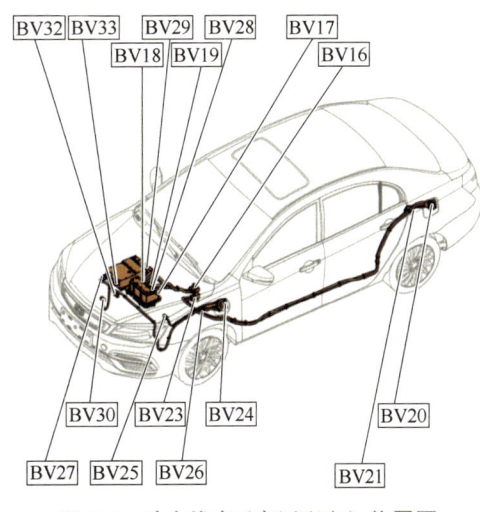

图1-6　动力线束（高压配电）位置图

(2) 前机舱线束的编号及位置　常用前机舱线束的编号见表1-5，位置如图1-7和图1-8所示。

表1-5　前机舱线束的编号

线束插接器	名称	线束插接器	名称
CA01a	前机舱线束接仪表线束插接器1	CA03a	前机舱线束接仪表线束插接器3
CA02a	前机舱线束接仪表线束插接器2	CA04	前机舱线束接仪表线束插接器4

(续)

线束插接器	名称	线束插接器	名称
CA05	前机舱线束接仪表线束插接器5	CA66	VCU模块线束插接器A
CA44b	制动灯开关线束插接器	CA67	VCU模块线束插接器B
CA58	前机舱线束接动力线束插接器	CA69	BMS模块线束插接器A
CA62	接交流充电插座线束插接器	CA70	BMS模块线束插接器B

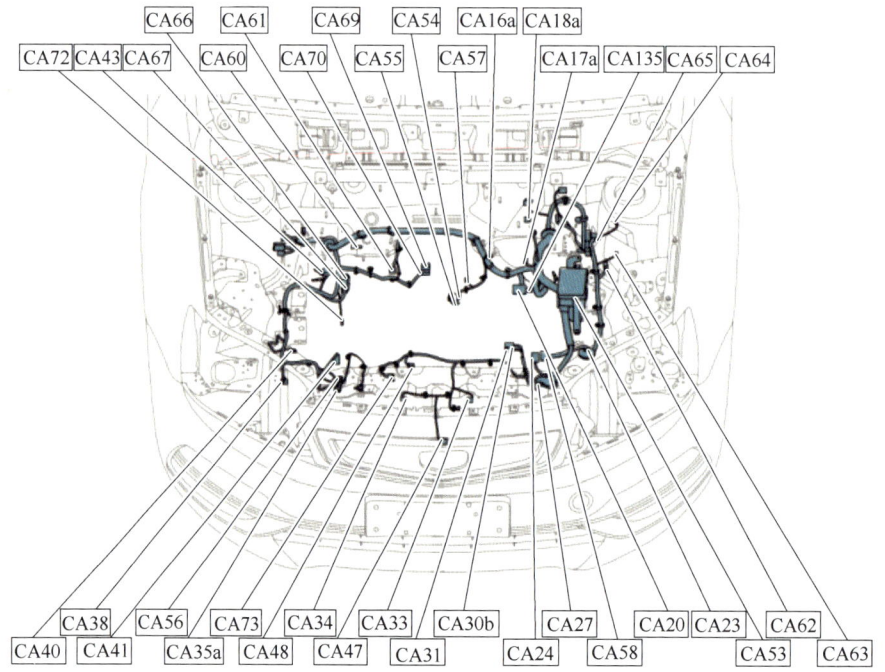

图1-7 前机舱线束位置图（1）

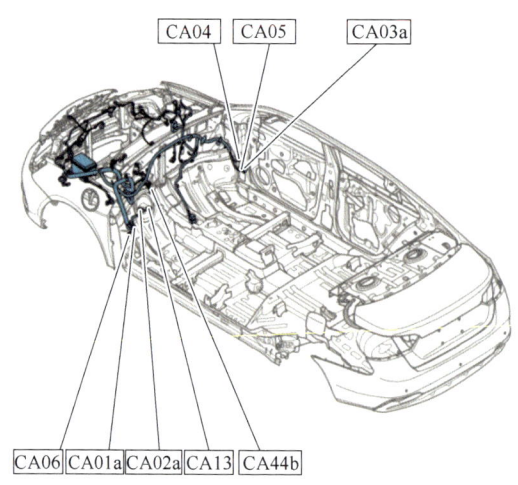

图1-8 前机舱线束位置图（2）

（3）仪表线束的编号及位置 常用仪表线束的编号见表1-6，位置如图1-9和图1-10所示。

项目一　新能源汽车电气维修基础的认知

表 1-6　仪表线束的编号

线束插接器	名称	线束插接器	名称
IP02a	仪表线束接前机舱线束插接器 1	IP21a	车身控制模块线束插接器 2
IP03b	仪表线束接前机舱线束插接器 2	IP22a	车身控制模块线束插接器 3
IP04a	仪表线束接前机舱线束插接器 3	IP23	车身控制模块线束插接器 4
IP05	仪表线束接前机舱线束插接器 4	IP24	车身控制模块线束插接器 5
IP06	仪表线束接前机舱线束插接器 5	IP46a	一键起动开关线束插接器
IP19	诊断接口线束插接器	IP53b	变速器换档开关线束插接器
IP20a	车身控制模块线束插接器 1	IP83a	防盗线圈线束插接器

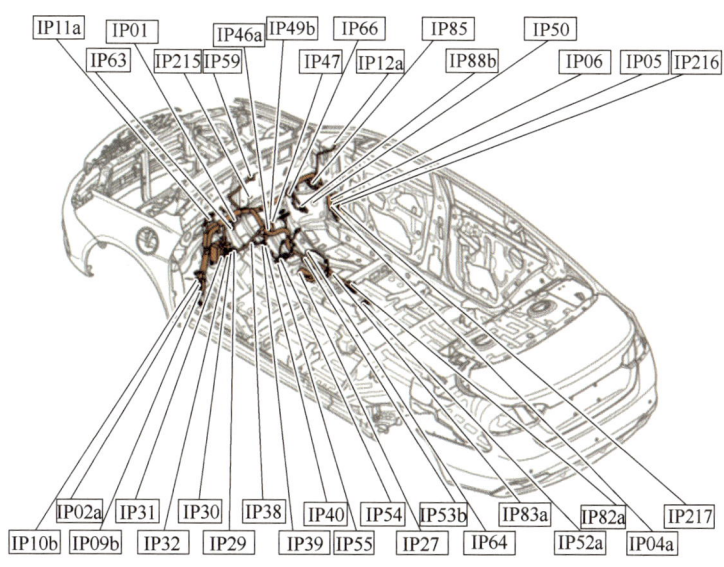

图 1-9　仪表线束位置图（1）

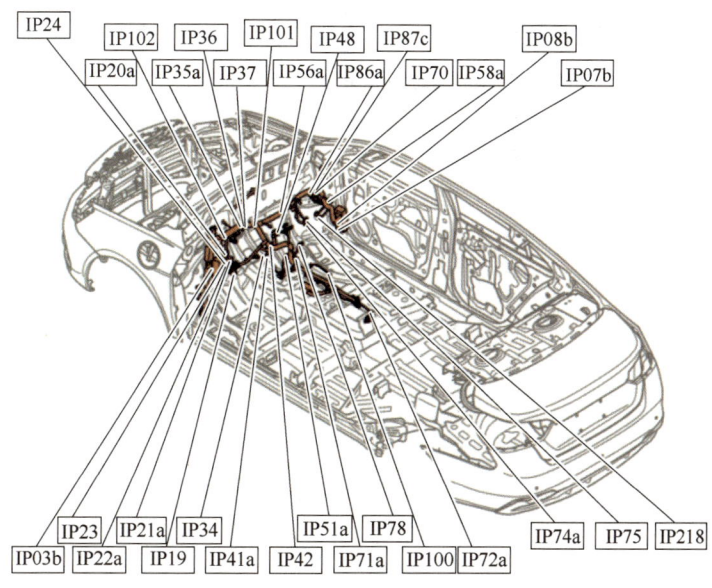

图 1-10　仪表线束位置图（2）

7

二、电路图样例

以下列举吉利帝豪 EV450 纯电动汽车的部分电路图作为样例,图 1-11 所示为该型纯电动汽车的喇叭电路图,图 1-12 所示为雾灯电路图。

温馨提示:

随着汽车技术的发展,我国传统汽车、新能源汽车等各车型不断推陈出新,汽车电路图也随之快速更新,要想成为一名优秀的汽车维修技师,必须具备较强的学习能力,掌握吉利、BYD、红旗等各车系不同电路图的识图方法,根据电路图进行精确的故障诊断和排除,更好地为用户服务。

我国有俗语:"活到老学到老。"学习是人生的大事,也是掌握科学文化知识和其他各种知识、信息的唯一途径,只有学习才能不断进步,才能适应社会和企业的发展要求。

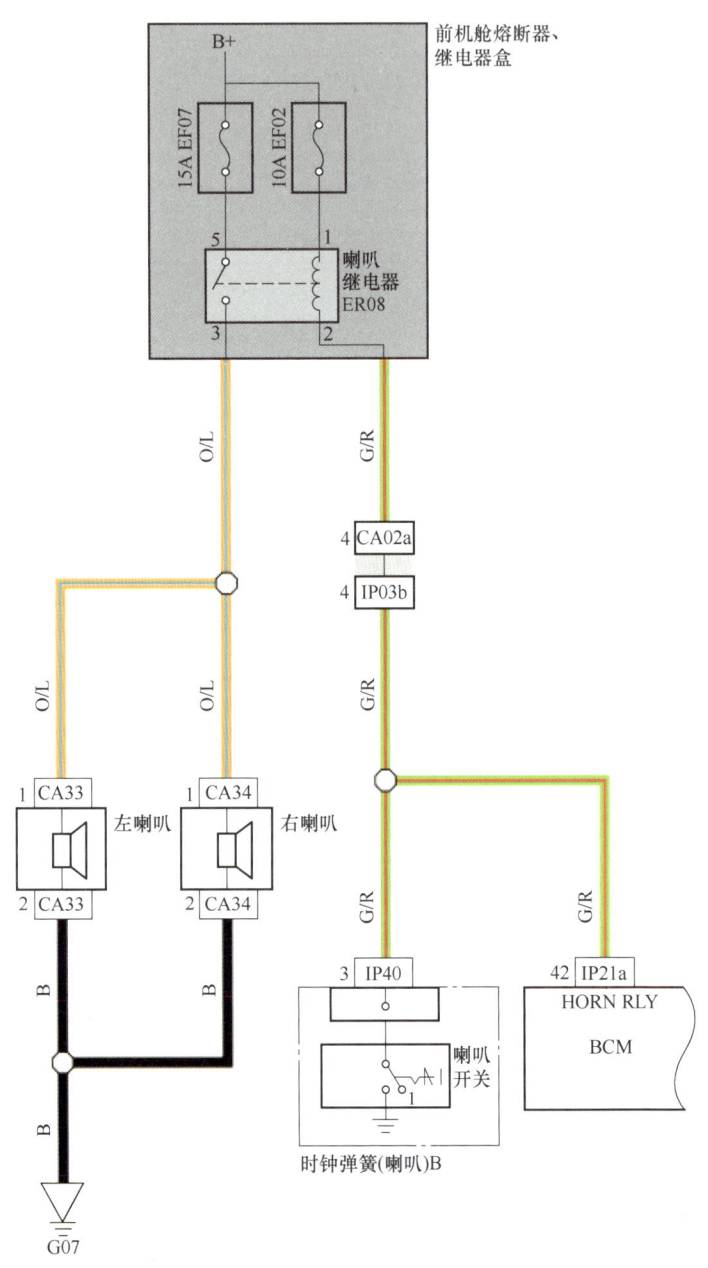

图 1-11 喇叭电路图

三、VCU 电路分析

VCU 电路主要分为电源电路、制动开关电路、加速踏板位置传感器电路、电机水泵控制电路、冷却风扇控制电路、驱动电机唤醒电路、通信电路(P-CAN、V-CAN)、高压互锁电路。

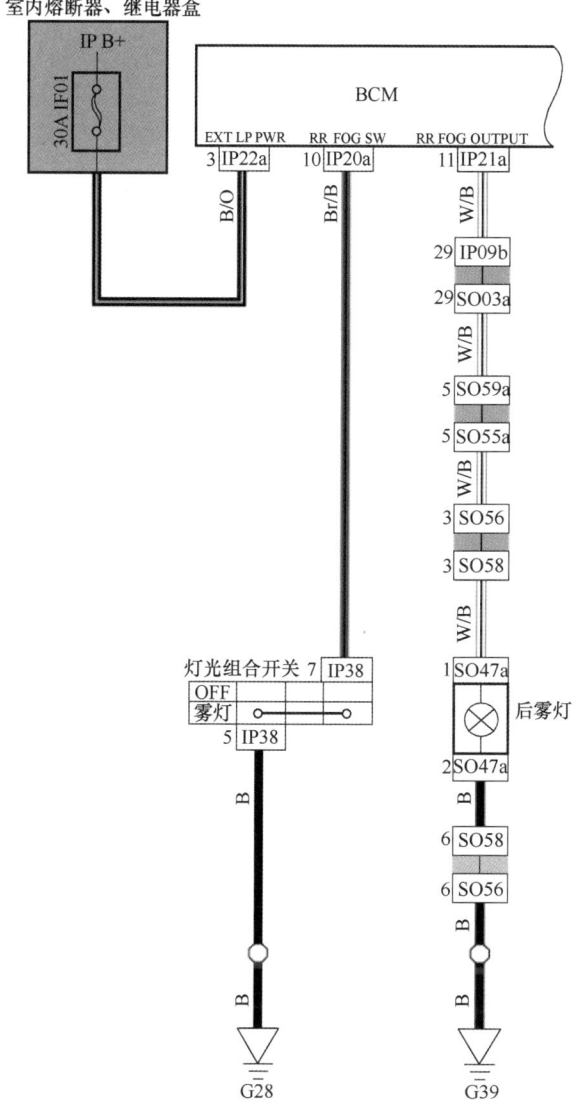

图 1-12　雾灯电路图

1. 电源电路

如图 1-13 所示，电源电路分为 3 条，分别是 +B 电源、IG 起动开关电源和功率电源。

（1）+B 电源　从蓄电池正极而来的 +B 电源，经前机舱熔断器、继电器盒 EF29（10A）熔断器和 VCU 上的 CA66/12 端子，为 VCU 提供记忆电源，同时也为其提供工作电源。此电源保证 VCU 能正常进入休眠或唤醒状态，同时还为 CAN 通信提供通信电源，保证基本数据或动力系统防盗数据顺利传输。因新能源车辆的特殊性，在充电过程中起动开关处于关闭状态，需要 VCU 起动工作，B+ 电源也作为起动开关打开时 VCU 主继电器的工作电源，并在充电过程中作为 VCU 主继电器的驱动电源使用。

（2）IG 起动开关电源　IG 起动开关电源经室内熔断器继电器盒内的 IF26（10A）熔断器、前机舱熔断器继电器盒内的 EF19（10A）熔断器和 VCU 上的 CA66/50 端子为 VCU 提供唤醒信号，IG 起动开关电源为 VCU 正常进入休眠或唤醒状态提供时间参考，同时还是 VCU 判断车辆所处运行状态的依据。起动开关关闭 30s 后，VCU 发送 DC/DC 变换器关闭信号至 DC/DC 变换器和 MCU，DC/DC 变换器停止工作，不再对外输出电压。70s 左右 VCU 主继电器 ER05 断开，车辆功率电源断开。

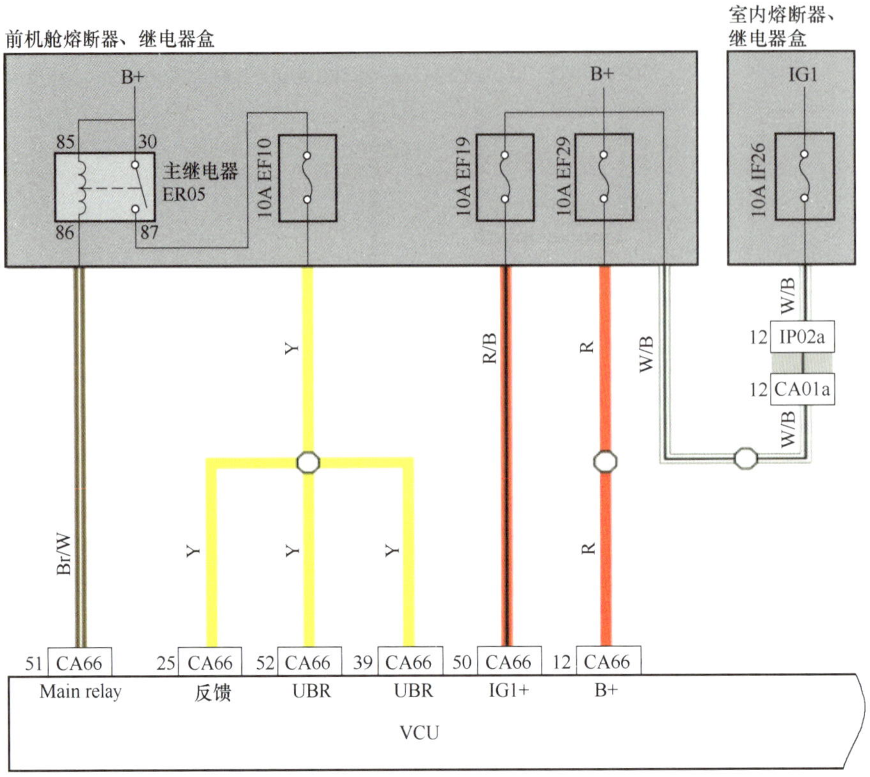

图 1-13 电源电路图

（3）功率电源 VCU 的主继电器 ER05 为 VCU 提供功率电源，即高压互锁、水泵控制、水泵继电器控制、加速踏板位置传感器控制、冷却风扇继电器控制等，如果主继电器 ER05 的控制电路、电源或自身出现故障，将导致 VCU 丢失功率电源，且高压互锁、水泵控制、水泵继电器控制、加速踏板位置传感器控制、冷却风扇继电器控制等异常，造成 VCU 进入保护模式，致使高压上电失败。如果至 VCU 的继电器反馈信号（CA66/25 端子所在电路）出现异常，VCU 将认为继电器工作信号不可信，也将导致 VCU 进入保护模式，致使高压上电失败；继电器给 VCU 供电的功率电源（CA66/52、CA66/39 端子所在电路）有一路出现故障时，由于两路在 VCU 内部并联，因此电源不会丢失，但如果两路都出现异常，将导致 VCU 丢失功率电源，且高压互锁、水泵控制、水泵继电器控制、加速踏板位置传感器控制、冷却风扇继电器控制等异常，造成 VCU 进入保护模式，致使高压上电失败。

2. 制动开关电路

制动开关的作用是控制制动灯电路导通和断开，以及反映驾驶人对车辆速度控制的操作意图。制动时会切断巡航控制、启动 ABS、启动 MCU、对能量进行回收以及对整车高压上电的控制。如图 1-14 所示，制动信号 1 由 CA44b-1 至 VCU 的 CA67/96 端子；制动信号 2 由 CA44b-4 至 VCU 的 CA67/86 端子。制动信号 2 为辅助信号，VCU 通过对检测到的制动信号 1 和 2 进行比对，来判断车辆当前状态是否符合运行状态，即制动踏板是否完全松开，制动力是否完全释放。如果制动信号 2 出现异常，VCU 根据此信号判定制动踏板没有完全松开，制动力没有完全释放，VCU 将发送信号至 MCU，禁止车辆在行驶档位中的行驶功能，使驱动电机无电流输出，整车不能行驶。

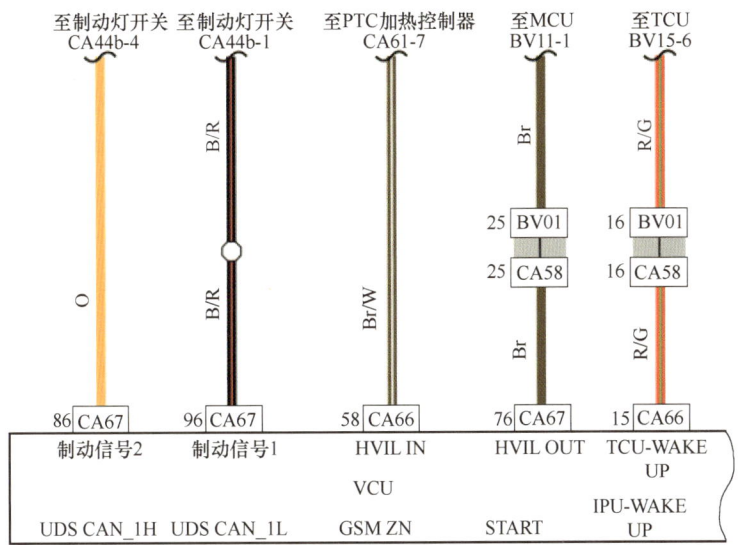

图 1-14 VCU 制动开关电路图

3. 加速踏板位置传感器电路

图 1-15 为加速踏板位置传感器电路，该传感器由两个传感元件组成，分别有各自的供电电源、搭铁和信号电路，红色为电源线，绿色为信号线，灰色和深绿色为搭铁线。传感元件 1 的信号电压由于增加了一个分压电阻，电压在 0.73~4.49V 变化。传感元件 2 的信号电压由于没有分压电阻分压，电压在 0.35~2.25V 变化。

VCU 通过 CA67/100 端子输出 5V 电源至传感元件 1 的 IP63/2 端子，为传感元件 1 提供 5V 参考电压，通过 CA67/124 端子与加速踏板位置传感器的 IP63/3 端子之间的电路为传感元件 1 提供搭铁回路，最后经过传感器的 IP63/4 端子与 VCU 的 CA67/111 端子之间电路将反映加速踏板位置的信号输送给 VCU。VCU 通过端子 CA67/99 输出 5V 电源至加速踏板位置传感元件 2 的 IP63/1 端子，为传感元件 2 提供 5V 参考电压，通过 CA67/123 端子与加速踏板位置传感器的 IP63/5 端子之间的电路为传感元件 2 提供搭铁回路，最后经过传感元件 2 的 IP63/6 端子与 VCU 的 CA67/112 端子之间的电路将反映加速踏板位置的信号输送给 VCU。

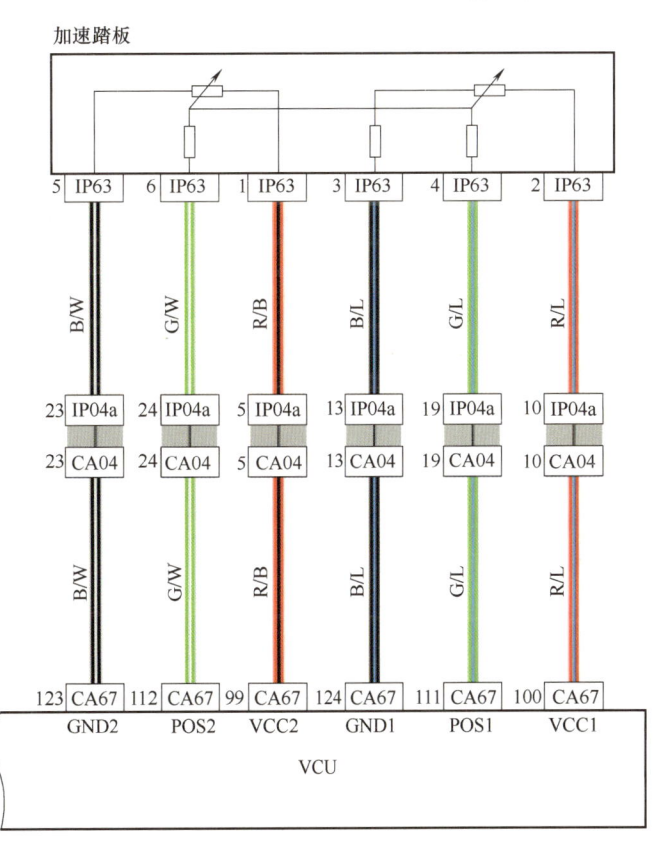

图 1-15 加速踏板位置传感器电路图

加速踏板位置传感元件 1 作为车辆速度和转矩需求的辅助信号，加速踏板位置传感元件 2 作为车辆速度和转矩需求的主信号。如果传感元件 1 出现故障，VCU 将采用传感元件 2 信号作为依据，对车辆进行控制。如果传感元件 2 出现故障，VCU 将启动系统保护功能，即电机限功率，踩加速踏板加速时车辆速度无法提升。

【学习任务单】

电路图的识读	学习任务单	班级：
		姓名：

1）吉利帝豪 EV450 电路图中线束插接器的编号规则以_____为基准。例如，直流充电插座线束插接器编号为 BV20，其中，BV 为_____代码，20 为_____。

2）如果电路中的线与线之间使用 8 字形标识，表示这两条线构成了双绞线，主要用于_____或_____。

3）相互插接的线束插接器端子编号顺序互为_____。

4）写出下列图形符号名称。

【任务实施】 车身控制模块供电不正常故障诊断与排除

◎ 实训器材：

吉利帝豪 EV450、故障诊断仪、常用工具、常用检测设备、个人防护用具和维修手册等。

◎ 作业准备：

车辆在工位停放周正，铺好车内和车外护套。

◎ 操作步骤：

一、确认故障现象

根据客户描述的故障现象，检查组合仪表的故障提示，发现"READY"指示灯没有点亮，应急灯一直闪烁，仪表上除了小汽车标志点亮及驻车灯点亮，其他信息没有任何显示，车外灯光可以正常点亮，仪表灯光符号正常显示。

二、利用故障诊断仪诊断故障

关闭起动开关，将故障诊断仪与车辆 OBD Ⅱ 诊断口连接。车辆上电，使用故障诊断仪对帝豪 EV450 进行 BCM 系统故障码和数据流的读取，读取故障码为：U012287——

ACM 与 ESP 通信丢失；B100E13——右转向信号灯开路或某个灯泡损坏；B100F13——左转向信号灯开路或某个灯泡损坏；B128329——IGN 继电器控制输出无效等。

通过故障诊断仪显示的信息和故障诊断仪所读取的信息，初步判断为车身控制模块车外灯光控制电路可能出现故障，故障部位可能是熔断器、导线等，根据由简易难的故障诊断思路，可以先对车身控制模块车外灯光控制电路进行检查。

查阅吉利帝豪 EV450 车身控制模块车外灯光控制电路图，确定故障范围为车身控制模块控制板及其相关电路、熔断器、插接器等，根据故障范围找到车身控制模块车外灯光控制电路供电熔断器为 IF01，车身控制模块车外灯光控制电路供电电路为 B+ 至 IP22a/3 端子，如图 1-16 所示。

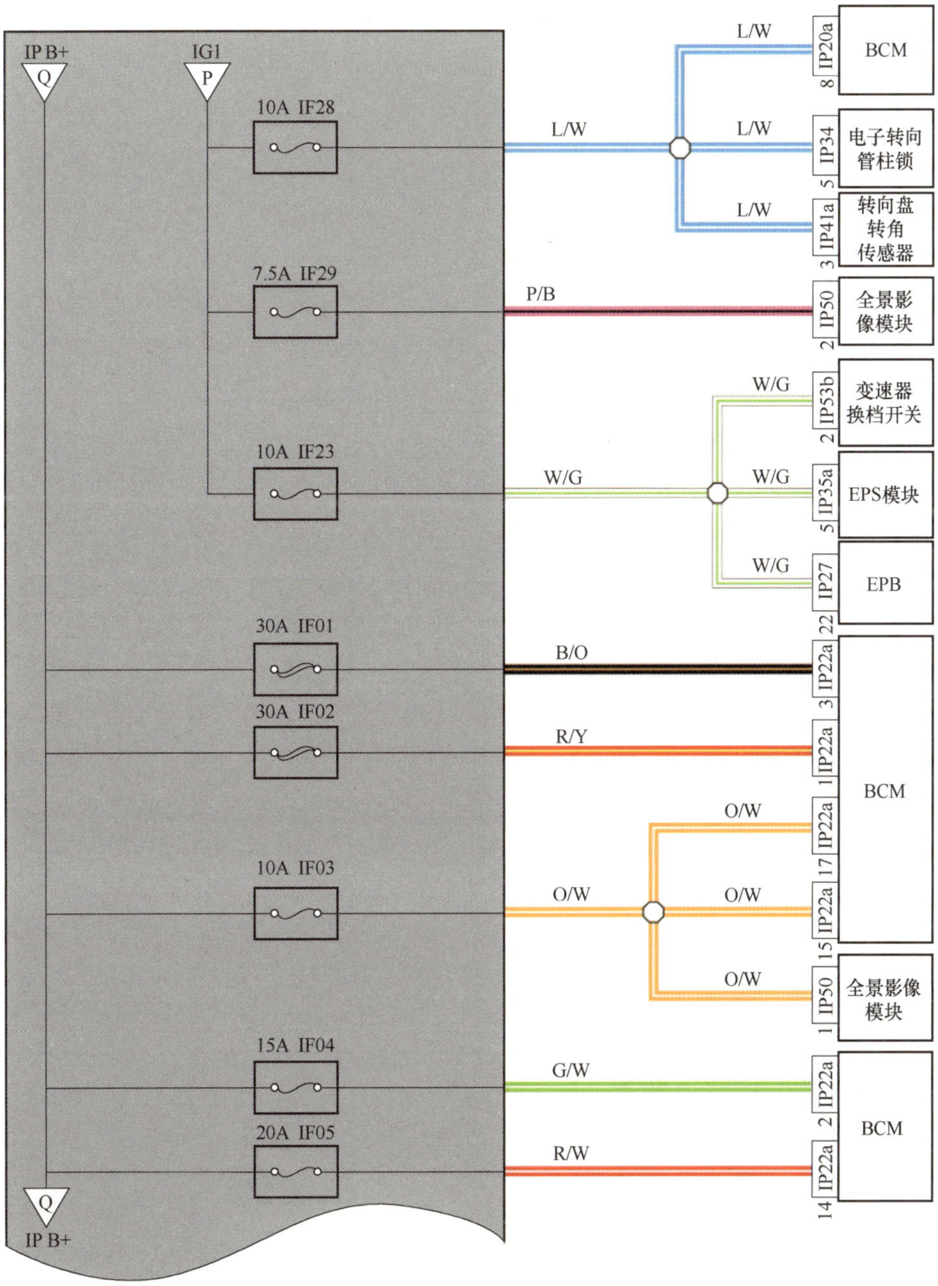

图 1-16 吉利帝豪 EV450 部分车外灯光电路图

三、故障检测

序号	操作示意图	操作方法	操作标准
1		断开辅助蓄电池负极，等待 5min，进行基本检查和 IF01 熔断器外观连接情况检查，检查外观及连接是否正常。使用万用表检查 IF01 熔断器上游电压，实测电压为辅助蓄电池电压	标准电压：辅助蓄电池电压
2		检查 IF01 熔断器，拔下 IF01 熔断器，目测检查，发现熔断。使用万用表检查 IF01 熔断器，实测电阻大于 1Ω，确认为熔断器熔断，应更换相同大小的熔断器	标准电阻：小于 1Ω
3		更换 30A 的 IF01 熔断器，测量电阻小于 1Ω。安装 IF01 熔断器	

 竞赛小知识：

在新能源汽车故障诊断与排除竞赛中，要求对新能源汽车整车常见的低压供电（含仪表）、充电、上电、驱动、暖风与空调等故障进行诊断与排除，在对故障进行检查时，不能只检查到某条电路，要精确到故障电路的连接点。

四、竣工检验

1）车辆上电，使用故障诊断仪对帝豪 EV450 进行故障码和数据流的读取，车身控制模块显示无故障码，确认故障已排除。

2）整理、恢复作业场地。

【工作任务单】

车身控制模块供电不正常故障诊断与排除	工作任务单	班级：
		姓名：

1. 车辆信息记录

品牌		整车型号		生产年月	
驱动电机型号		动力蓄电池电量		行驶里程	
车辆识别代号					

（续）

2. 作业场地准备	
检查设置隔离栏	□是 □否
检查设置安全警示牌	□是 □否
检查灭火器压力、有效期	□是 □否
安装车辆挡块	□是 □否
3. 记录故障现象	
4. 使用故障诊断仪读取故障码、数据流	
故障码	
数据流	
5. 绘制相关电路图	

6. 故障检测

检测对象	检测条件	检测值	标准值	结果判断

（续）

7. 故障确认		
故障点	故障类型	维修措施

8. 竣工检验	
车辆是否正常上电	□是 □否

9. 作业场地恢复	
拆卸车内三件套	□是 □否
拆卸翼子板布	□是 □否
将高压警示牌等放至原位置	□是 □否
清洁、整理场地	□是 □否

【课证融通考评单】

车身控制模块供电不正常故障诊断与排除		实习日期：	
姓名：	班级：	学号：	教师签名：
自评：□熟练 □不熟练	互评：□熟练 □不熟练	师评：□合格 □不合格	
日期：	日期：	日期：	

车身控制模块供电不正常故障诊断与排除【评分细则】

序号	评分项	得分条件	分值	评分要求	自评	互评	师评
1	安全/7S/态度	□1）能进行工位 7S 操作 □2）能进行设备和工具安全检查 □3）能进行车辆安全防护操作 □4）能进行工具清洁、校准、存放操作 □5）能进行三不落地操作	15	未完成1项扣3分，扣分不得超过15分	□熟练 □不熟练	□熟练 □不熟练	□合格 □不合格
2	专业技能能力	□1）能正确认故障现象 □2）能规范地拆装 IF01 熔断器 □3）能正确地测量 IF01 熔断器上游电压 □4）能正确地检测 IF01 熔断器的电阻值 □5）能确认故障部位 □6）能规范修复故障部位 □7）能规范验证车身控制模块供电功能	50	未完成1项扣6分	□熟练 □不熟练	□熟练 □不熟练	□合格 □不合格
3	工具及设备的使用能力	□1）能正确地使用故障诊断仪 □2）能正确地使用万用表	10	未完成1项扣3分	□熟练 □不熟练	□熟练 □不熟练	□合格 □不合格
4	资料、信息查询能力	□1）能正确查询线束插接器端子含义 □2）能正确使用维修手册查询资料 □3）能正确记录所需维修信息	10	未完成1项扣3分	□熟练 □不熟练	□熟练 □不熟练	□合格 □不合格

(续)

序号	评分项	得分条件	分值	评分要求	自评	互评	师评
5	数据判断和分析能力	□1）能判断IF01熔断器外观是否正常 □2）能判断IF01熔断器连接是否正常	10	未完成1项扣3分	□熟练 □不熟练	□熟练 □不熟练	□合格 □不合格
6	表单填写报告的撰写能力	□1）字迹清晰 □2）语句通顺 □3）无错别字 □4）无涂改 □5）无抄袭	5	未完成1项扣1分，扣分不得超过5分	□熟练 □不熟练	□熟练 □不熟练	□合格 □不合格

总分：

任务二　电气元件的识别和检修

汽车电路的基础电气元件主要是导线、熔断器、插接器、各种开关和继电器等，它们是汽车电路的基本组成部分。

当电路发生故障或异常时，伴随着电流不断升高，有可能损坏电路中的某些重要元件，也有可能烧毁电路甚至造成火灾。若电路中正确地安置了熔断器，那么熔断器就会在电流异常升高到一定的大小使电路异常发热时，自身熔断切断电流，从而起到保护电路安全运行的作用。

继电器通常应用于汽车的控制电路中，它实际上是用小电流去控制大电流运作的一种"自动开关"。故在电路中起着自动调节、安全保护、转换电路等作用。

温馨提示：

汽车领域中80%以上的创新都与基础电气元件有关，我国各大车企都鼓励员工进行技术创新，创新不是一瞬间的灵感，而是来自于对汽车专业知识的学习与积累，来自于对汽车行业全身心的投入。深耕汽车领域，不断创造，方能带来源源不断的生命力。

同学们想一想，该如何提升自己的创新精神和创新能力，在未来竞争激烈的职场中立有一席之地？

【学习目标】

◎ **知识目标：**

1）掌握熔断器、继电器的结构、工作原理。
2）制订熔断器、继电器故障检修流程。

◎ **技能目标：**

1）具备正确检测新能源汽车电路的能力。
2）具备对熔断器、继电器进行性能检测的能力。

◎ **素养目标：**

1）在操作过程中树立安全操作意识。
2）小组合作完成新能源汽车常用电气元件的检测。
3）具备自主学习知识的能力及知识迁移的能力。

新能源汽车电气技术

【任务描述】

一辆吉利帝豪EV450，按下一键起动开关，仪表点亮正常，"READY"指示灯无法正常点亮，高压上电失败。经过维修技师检测，初步认为主继电器ER05或其电路故障，需要选择正确工具对故障进行检测并修复。

【获取信息】

一、熔断器

1. 熔断器的分类

（1）按形状分　熔断器按形状分可分为插片、方形、玻璃管、裸片和插栓熔断器，如图1-17所示。

想一想：

汽车上最常用的熔断器是哪种？

a) 插片　　　　　　b) 方形

c) 玻璃管　　　d) 裸片　　　e) 插栓

图1-17　熔断器的分类（按形状分）

（2）按额定电压分　熔断器按额定电压分可分为高压熔断器、低压熔断器。高压熔断器通常安装在动力蓄电池内或高压配电盒内，既需要普通配电系统中直流高压熔断器的熔断保护性能，同时，还需要承受道路车辆的冲击和振动。帝豪EV450的高压熔断器如图1-18所示。新能源汽车上常用高压熔断器，依据熔断器的额定电流选择时还要考虑负载特征、功率变化、电流波形、通断瞬间冲击电流、工作环境等因素。

低压熔断器是在低压供电电路中起保护作用的熔断器。通常安装在前机舱熔断器继电器盒和室内熔断器继电器盒中，帝豪EV450的低压熔断器如图1-19所示。新能源汽车上的低压熔断器主要用于12V低压电路，常使用插片熔断器，塑料外壳的颜色代表相应的额定电流规格。

帝豪EV450前机舱熔断器、继电器的布置如图1-20所示，室内熔断器、继电器的布置如图 1-21 所示。

图 1-18　帝豪 EV450 的高压熔断器

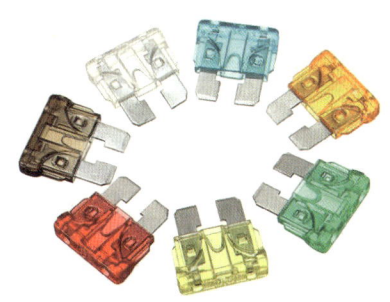

图 1-19　帝豪 EV450 的低压熔断器

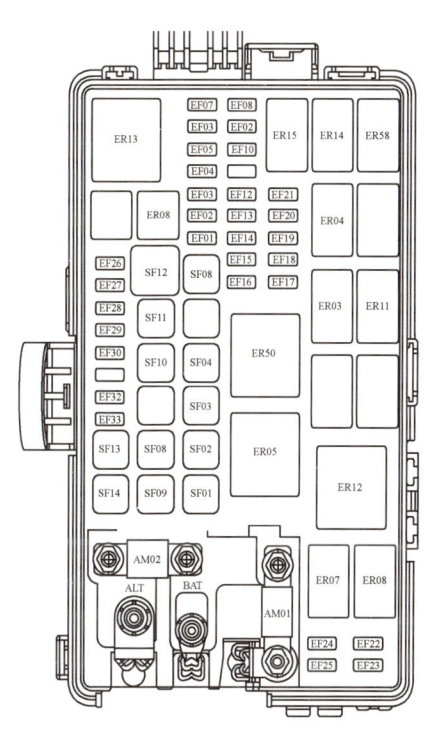

图 1-20　前机舱熔断器、继电器布置图

2. 插片熔断器的结构

插片熔断器主要由端子、熔体和绝缘体组成，如图 1-22 所示。

（1）熔体　它是熔断器的核心，熔断时起到切断电流的作用。由比普通导线本身的熔点低的类似于焊料的金属制成。

（2）端子　端子通常有两个，它是熔体和电路连接的重要部件，它必须有良好的导电性，不应产生明显的安装接触电阻。

（3）绝缘体　绝缘体的作用是将熔体与端子固定成为刚性的整体，以便于安装。同时为了方便检查，在绝缘体的上方两侧设计有测试点并标注有熔断器的类型、额定电压、额定电流及品牌。

3. 熔断器的工作原理

熔断器通电时，由电能转换的热量使可熔体的温度上升。正常工作电流或允许的过载电流通过时，产生的热量通过熔体、绝缘体向周围环境辐射，通过对流、传导等方式散发

头脑风暴：

当熔断器熔断后，不对电路进行检测，直接更换新的熔断器可以吗？

的热量与产生的热量逐渐达到平衡。如果产生的热量大于散发的热量，多余的热量就逐渐积聚在熔体上，使熔体温度上升；当温度达到或超过熔体的熔点时，就会使熔体熔化、熔断而切断电流，起到了安全保护电路的作用。

4. 熔断器的检测

1）查看熔断器的外观，观察熔体是否熔断。

2）用万用表测量熔断器两端的电阻，如电阻值为 0.1~1.0Ω 就是正常的。如万用表电阻值显示无穷大，就说明熔断器已熔断。

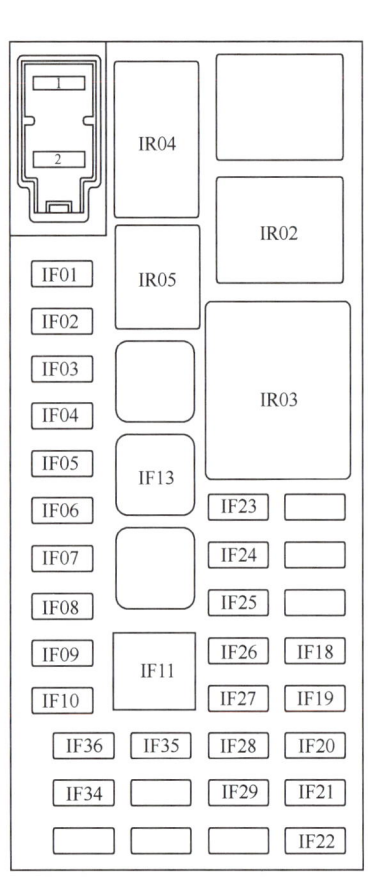

图 1-21 室内熔断器、继电器布置图

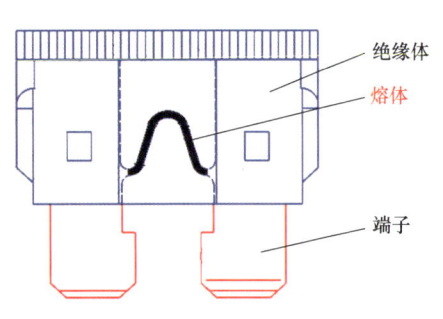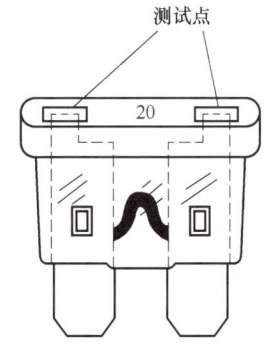

图 1-22 插片熔断器的结构

二、继电器

继电器是一种根据某种输入信号的变化使其自身的执行机构动作的自动控制电器。

1. 继电器的分类

在新能源汽车中常使用的有低压（12V）继电器和高压继电器两种，如图1-23所示。

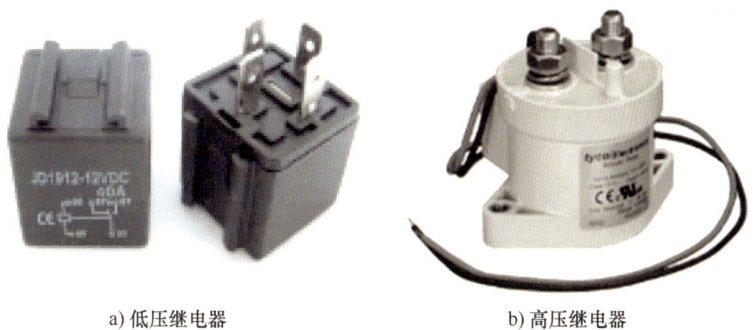

a）低压继电器　　　　　　b）高压继电器

图 1-23　新能源汽车常用继电器分类

2. 继电器的结构

低压继电器由线圈、衔铁、复位弹簧、触点等组成，如图1-24所示。

新能源汽车所使用的高压继电器又称为高压接触器，其功能有：控制高压回路通断、控制预充电回路的通断和在特定故障下切断高压回路。具体结构如图1-25所示。

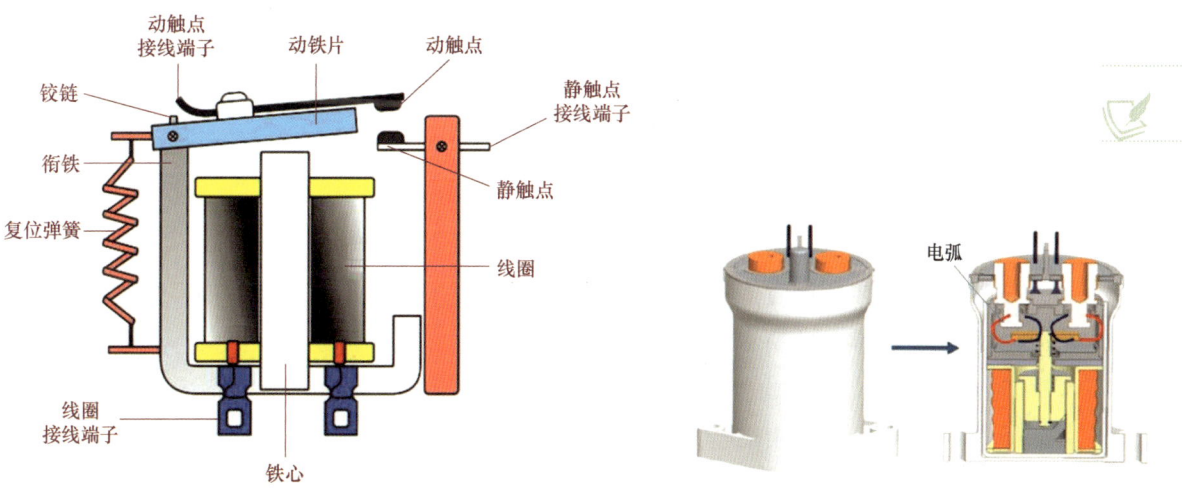

图 1-24　低压继电器结构　　　　　　图 1-25　高压继电器结构

新能源汽车蓄电池管理系统中的高压控制盒包含霍尔式传感器、预充继电器、预充电阻、总正继电器、总负继电器、PTC继电器、熔断器等电气元件。高压控制盒如图1-26所示。

在充、放电初期需要闭合预充继电器进行预充电，由低压小电流给各控制器电容充电，当电容两端电压接近动力蓄电池总电压时，预充完成，预充继电器断开，总正继电器闭合，如图1-27所示。

3. 继电器的工作原理

以低压继电器为例说明继电器的工作原理，如图1-28所示。在线圈两端加上一定的电压，线圈中就会流过一定的电流，从而产生电磁效应，衔铁就会在电磁力吸引的作用下

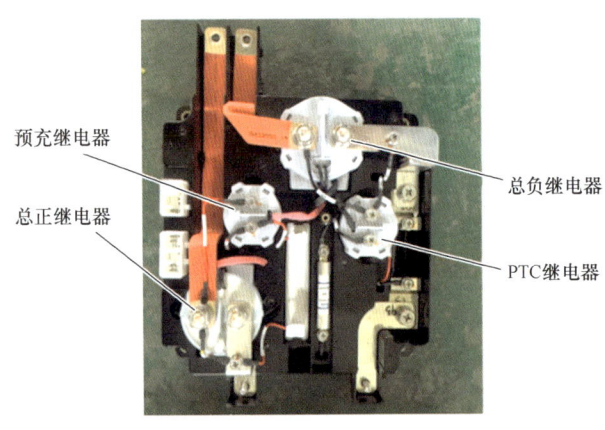

图 1-26 高压控制盒结构

克服复位弹簧的拉力吸向铁心，从而带动衔铁的动触点与下方的静触点吸合。当线圈断电后，电磁力也随之消失，衔铁就会在复位弹簧的作用下返回原来的位置，使动触点与下方的静触点释放。这样吸合、释放从而达到了在电路中的导通、切断的目的。

4. 继电器的检测

检测步骤：

1）红黑表笔搭线，测试万用表是否正常。

2）测量继电器线圈的电阻。

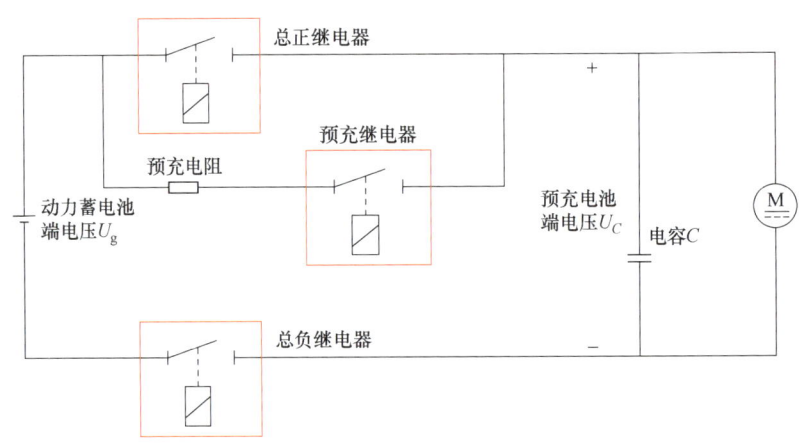

图 1-27 预充系统控制原理

3）接通电源测试继电器好坏。

4）清洁场地，将工具归位。

未通电时：30、87 号端子间电阻无穷大，即开关处于断开状态，继电器为常开式；85、86 号端子间电阻测量值为 70~80Ω，若阻值过大则说明继电器线圈中有断路情况。汽车用的继电器如图 1-29 所示。

通电后：85、86 号端子接通蓄电池正负极，听到衔铁吸合声，电路接通，30、87 号端子间电阻值很小，电路为通路。

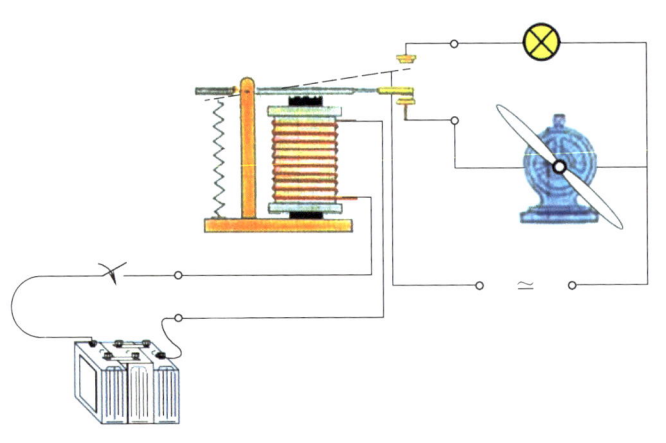

图 1-28 继电器的工作原理

图 1-29 汽车用的继电器

项目一 新能源汽车电气维修基础的认知

【学习任务单】

主继电器 ER05 的故障诊断与检测	学习任务单	班级： 姓名：

1）熔断器按形状分可以分为：_____、_____、_____、_____和_____。

2）写出下图中所指部位的名称：

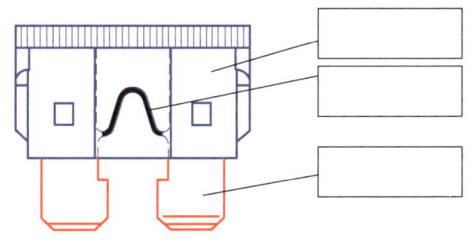

3）请写出下图中汽车用的继电器的检测步骤：

① _____
② _____
③ _____
④ _____

【任务实施】 主继电器 ER05 的故障诊断与检测

◎ 实训器材：

吉利帝豪 EV450、故障诊断仪、常用工具和维修手册等。

◎ 作业准备：

检查举升机，车辆在工位停放周正，铺好车内和车外护套。

◎ 操作步骤：

一、确认故障现象

一辆吉利帝豪 EV450，按下一键起动开关，仪表点亮正常，"READY"指示灯无法正常点亮；蓄电池指示灯、整车系统故障指示灯点亮；仪表右侧驻车灯正常点亮，车辆驱动模式指示灯 ECO 正常点亮；动力蓄电池主正、主负继电器不动作，高压不上电，制动踏板高度反应正常，档位无法切换至 D 位或 R 位。经过维修技师诊断，确认是主继电器 ER05 故障，更换 ER05 主继电器后故障现象消失，车辆正常行驶。

二、利用故障诊断仪诊断故障

连接故障诊断仪，踩制动踏板并保持，按下一键起动开关。通过故障诊断仪与 VCU 进行通信，在 VCU 内部可能读取到下列故障码：P1C0852——主继电器故障。

数据流读取高压互锁信号故障，通过仪表显示的信息和故障诊断仪所读取的信息，初步判断为主继电器 ER05 可能出现故障，故障部位可能是主继电器 ER05 本身及电路，根据由简易难的故障诊断思路，先检测主继电器 ER05 供电电路，然后检查主继电器 ER05 本身。查阅相关电路图，如图 1-30 所示。

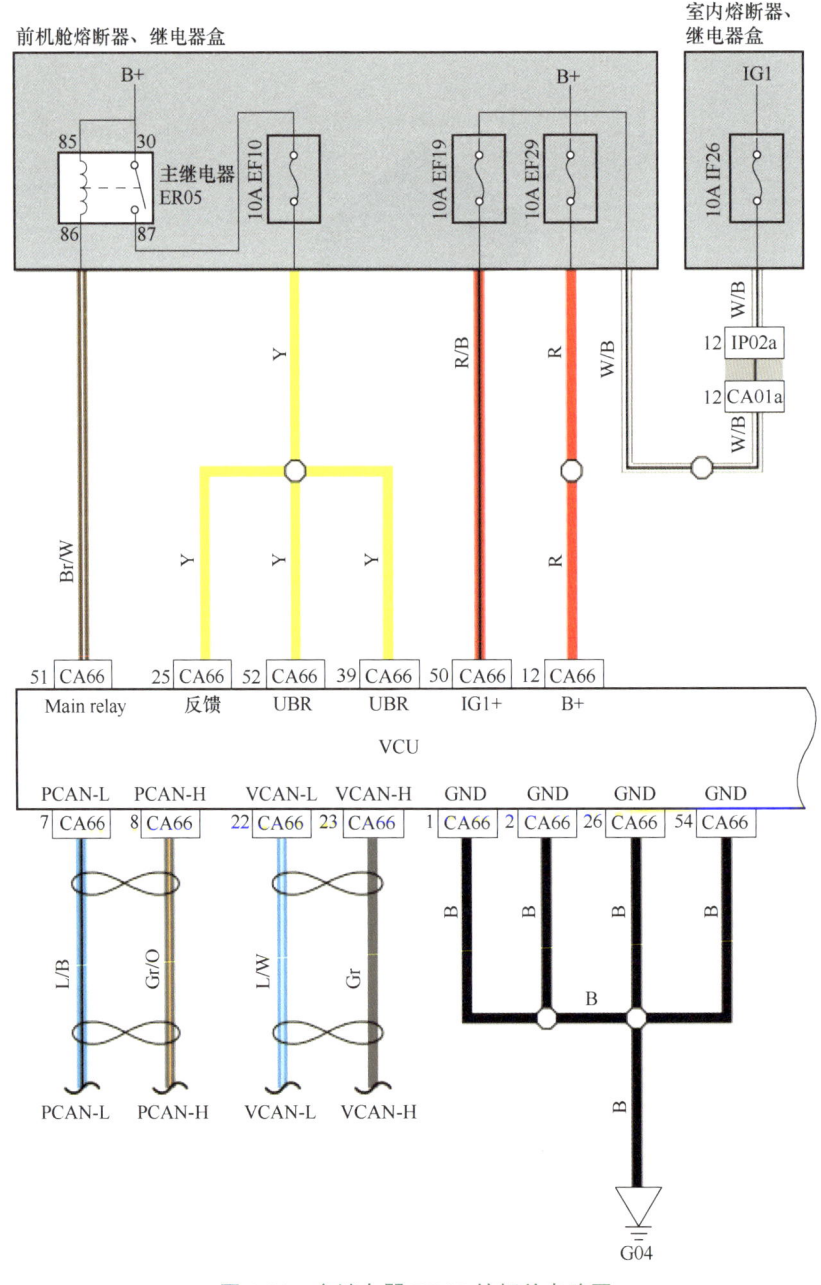

图 1-30　主继电器 ER05 的相关电路图

项目一　新能源汽车电气维修基础的认知

三、故障检测

扫一扫

继电器和熔断器性能测量

扫一扫

EV450 主继电器故障诊断

序号	操作示意图	操作方法	操作标准
1		断开辅助蓄电池负极，等待 5min，进行基本检查	检查主继电器 ER05 外观及连接是否正常
2		连接辅助蓄电池负极，检查电压，检查主继电器 ER05 供电电路，使用万用表检查 85、30 号端子供电电压是否为辅助蓄电池电压	标准电压：辅助蓄电池电压
3		断开辅助蓄电池负极，拔下主继电器 ER05，检测主继电器 ER05 的线圈电阻是否正常	85、86 号端子间（即线圈）电阻测量值为 70~80Ω
4		静态检查主继电器 ER05 开关，若电阻为无穷大则正常	测得阻值：电阻无穷大
5		动态检查主继电器 ER05，将主继电器 ER05 85 号端子与 86 号端子通电，检测开关电阻，实测值大于 1Ω，根据检测结果判断主继电器 ER05 开关故障，更换主继电器 ER05	开关电阻标准值：小于 1Ω

(续)

序号	操作示意图	操作方法	操作标准
6		将主继电器 ER05 的 85 号端子与 86 号端子通电，检测开关电阻，标准值小于 1Ω，实测值小于 1Ω，正常	开关电阻标准值：小于 1Ω

> **竞赛小知识：**
>
> ① 熔断器熔断后，必须查明原因，彻底排除故障。
> ② 更换熔断器时一定要与原规格相同。
> ③ 安装时要保证熔断器与熔断器支架接触良好。

四、竣工检验

1）将起动开关置于"OFF"位置。
2）安装所有诊断时拆下和更换的部件及插接器。
3）将起动开关置于"ON"位置。
4）读取并清除故障码。
5）关闭起动开关 60s。
6）踩下制动踏板，打开起动开关，车辆仪表显示正常，高压上电正常。
7）整理、恢复作业场地。

【工作任务单】

主继电器 ER05 的故障诊断与检测		工作任务单	班级：
			姓名：

1. 车辆信息记录

品牌		整车型号		生产年月	
驱动电机型号		动力蓄电池电量		行驶里程	
车辆识别代号					

2. 作业场地准备

检查设置隔离栏	□是 □否
检查设置安全警示牌	□是 □否
检查灭火器压力、有效期	□是 □否
安装车辆挡块	□是 □否

（续）

3. 记录故障现象

4. 使用故障诊断仪读取故障码、数据流	
故障码	
数据流	

5. 绘制相关电路图

6. 故障检测				
检测对象	检测条件	检测值	标准值	结果判断

7. 故障确认		
故障点	故障类型	维修措施

8. 竣工检验	
车辆是否正常上电	□是　□否
9. 作业场地恢复	
拆卸车内三件套	□是　□否
拆卸翼子板布	□是　□否
将高压警示牌等放至原位置	□是　□否
清洁、整理场地	□是　□否

【课证融通考评单】

主继电器 ER05 的故障诊断与检测		实习日期：	
姓名：	班级：	学号：	教师签名：
自评：□熟练　□不熟练	互评：□熟练　□不熟练	师评：□合格　□不合格	
日期：	日期：	日期：	

主继电器 ER05 的故障诊断与检测【评分细则】

序号	评分项	得分条件	分值	评分要求	自评	互评	师评
1	安全/7S/态度	□1）能进行工位 7S 操作 □2）能进行设备和工具安全检查 □3）能进行车辆安全防护操作 □4）能进行工具清洁、校准、存放操作 □5）能进行三不落地操作	15	未完成 1 项扣 3 分，扣分不得超过 15 分	□熟练 □不熟练	□熟练 □不熟练	□合格 □不合格
2	专业技能能力	□1）能正确确认故障现象 □2）能规范地拆装 VCU 的 CA66 线束插接器 □3）能正确地检测主继电器 ER05 自身故障 □4）能正确地检测主继电器 ER05 输出电路断路、虚接、短路故障 □5）能规范地修复故障部位	50	未完成 1 项扣 6 分	□熟练 □不熟练	□熟练 □不熟练	□合格 □不合格
3	工具及设备的使用能力	□1）能正确地使用故障诊断仪 □2）能正确地使用万用表 □3）能正确地使用示波器	10	未完成 1 项扣 3 分	□熟练 □不熟练	□熟练 □不熟练	□合格 □不合格
4	资料、信息查询能力	□1）能正确地查询线束插接器端子含义 □2）能正确地使用维修手册查询资料 □3）能正确地记录所需维修信息	10	未完成 1 项扣 3 分	□熟练 □不熟练	□熟练 □不熟练	□合格 □不合格
5	数据判断和分析能力	□1）能判断主继电器 ER05 是否正常 □2）能判断主继电器 ER05 的电路是否正常	10	未完成 1 项扣 3 分	□熟练 □不熟练	□熟练 □不熟练	□合格 □不合格
6	表单填写报告的撰写能力	□1）字迹清晰 □2）语句通顺 □3）无错别字 □4）无涂改 □5）无抄袭	5	未完成 1 项扣 1 分，扣分不得超过 5 分	□熟练 □不熟练	□熟练 □不熟练	□合格 □不合格
总分：							

项目测评

一、填空题

1）新能源汽车所使用的高压继电器又称为_____，其功能有：_____、_____和_____。

2）低压继电器由_____、_____、_____、_____等组成。

3）继电器是一种根据_____的变化使其自身的执行机构动作的自动控制电器。

4）插片熔断器主要由_____、_____和_____组成。

二、判断题

1）吉利帝豪 EV450 电路图中的线束插接器的编号规则以线束为基准。（   ）

2）屏蔽线用于需要屏蔽的场合，以防止信号干扰。（   ）

3）制动开关的作用是控制制动灯电路导通和断开，以及反映驾驶人对车辆速度控制的操作意图。（   ）

4）继电器不能通电检测。（   ）

三、简答题

简述主继电器 ER05 的检测方法。

项目二

新能源汽车照明与信号系统的检修

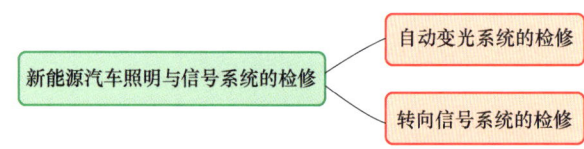

任务一　自动变光系统的检修

普通车辆在夜间会车时,驾驶人通过变光开关将远光灯变成近光灯,以防止对方车辆驾驶人眩目。若驾驶人忘了变光或变光不及时,就会造成对方驾驶人眩目。因此,有些车辆为了减小安全隐患,提高车辆的安全性能,前照灯采用了自动变光技术。

【学习目标】

◎ 知识目标:

1) 掌握新能源汽车自动变光系统的工作原理。
2) 掌握新能源汽车自动变光系统总成的拆卸与安装方法。

◎ 技能目标:

1) 具备正确使用新能源汽车常用拆卸工具的能力。
2) 具备规范拆卸与安装新能源汽车自动变光系统总成的能力。

◎ 素养目标:

1) 能够在工作过程中与小组其他成员合作、交流,养成团队合作意识,锻炼沟通能力。
2) 养成 7S 工作习惯。
3) 养成服从管理、规范作业的良好工作习惯。

【任务描述】

一辆吉利帝豪 EV450 的用户反映：汽车左侧近光灯不工作。经过维修技师检测，初步认为汽车左侧近光灯电路故障，需要选择正确工具检修。

【获取信息】

一、自动变光系统的结构与工作原理

自动变光系统的单眼摄像机传感器安装在内后视镜上，该传感器可自动评估车辆前方的情况（前方车辆、对面来车、街灯等），通过在远光和近光之间自动切换，提高远光的使用频率（见图 2-1）。这不仅改善了夜间驾驶时驾驶人的视野，也可使可视范围尽可能远，从而提高安全性。

此外，该系统与自动车灯功能联动，减少了驾驶人操作远光/近光开关的频率，同时还可避免没有关闭远光的疏忽。

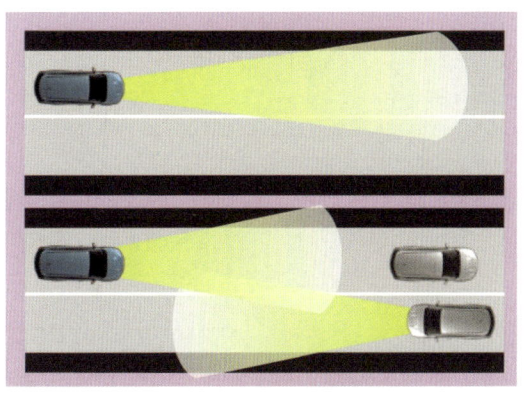

图 2-1 自动变光系统的功能

自动变光系统一般由光电二极管、放大器单元（感光器）、灵敏度调节器、远/近光继电器、变光开关和前照灯闪光超车继电器等组成。光电二极管及放大器单元一般安装在后视镜支架上，也有安装在前中网与散热器之间的，用来感应对面汽车的光线。灵敏度调节器安装在灯光开关上，或装在灯光开关附近，驾驶人通过旋转灵敏度调节器便能调节自动变光系统的灵敏度。变光开关一般都设有闪光超车开关，如果接通（抬起或压下）闪光超车开关，远光灯将亮。不论灯光开关是否在前照灯档或在远光或近光档，驾驶人都可以直接操作闪光超车开关，接通远光灯，实现超车。会车结束时，光电二极管和放大器单元使远/近光继电器的磁化线圈再次搭铁，远/近光继电器的近光触点断开，远光触点闭合，由近光照明变为远光照明。福特汽车自动变光系统电路如图 2-2 所示。

二、自动变光系统的控制电路

如图 2-3 所示，在使用前照灯时，把远光灯工作视为初始状态，在继电器 K 作用下将电源正极与远光灯接线柱 1 接通。当迎面来车的灯光照射在光敏电阻 R_1 上，R_1 的阻值将减小，晶体管 VT_1 获得正向偏向偏压而导通，VT_2 也导通，使得 VT_3 截止而 VT_4 导通，并把低电平信号送至功率晶体管 VT_5 的基极，VT_5 导通，使继电器 K 得电动作，断开远光灯接线柱 1 而接通近光灯接线柱 2，此时汽车前照灯由远光工作转换成近光工作。

当两车交会后，变光器光敏电阻 R_1 上的光信号消失，R_1 阻值增大，晶体管 VT_1 截止，VT_2 也截止，VT_3 导通，VT_4 截止，输出高电平至 VT_5 的基极，VT_5 截止，切断继电器 K 线圈中的电流，其触点恢复接通远光灯接线柱 1，即恢复前照灯的远光工作。

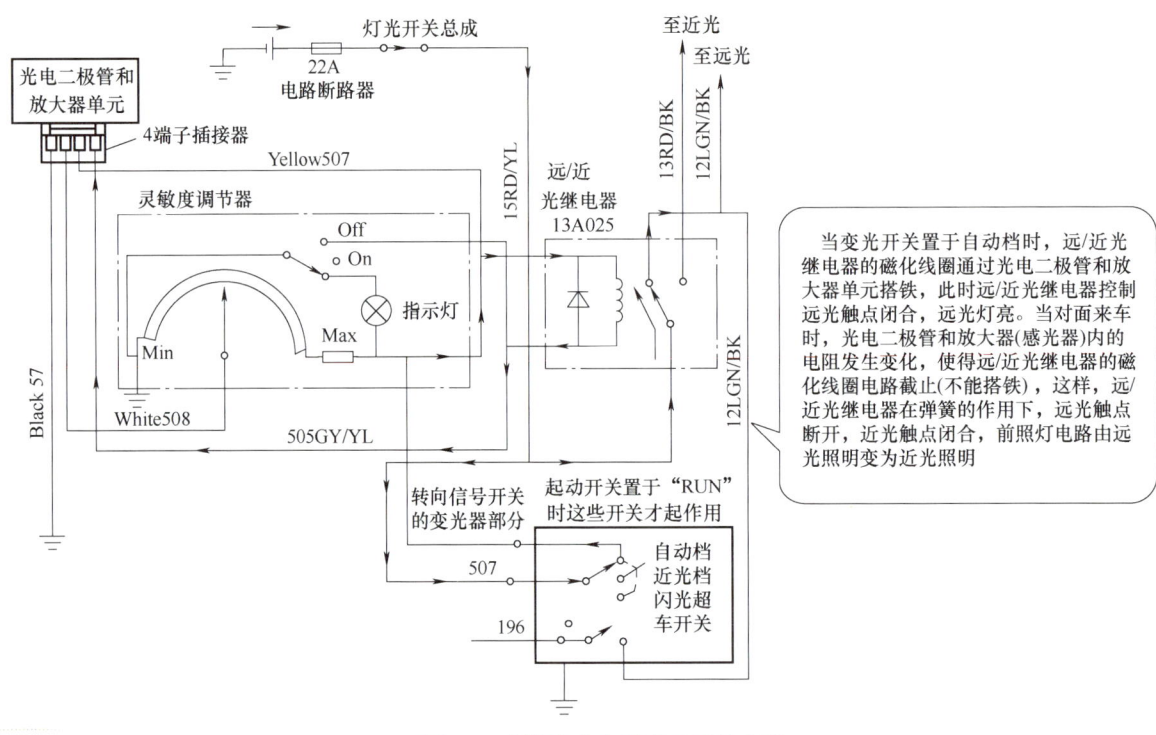

图 2-2 福特汽车自动变光系统电路

如果前照灯处于远光灯工作时，打开机械式变光开关 S，S 就由 a 位置转到 b 位置，此时继电器 K 的线圈可由电源正极→b→继电器线圈→搭铁而获得电流，于是继电器 K 得电动作，使前照灯由远光变为近光工作。与此同时，晶体管 VT_4 的基极直接搭铁，使多谐振荡器停滞不再振荡。

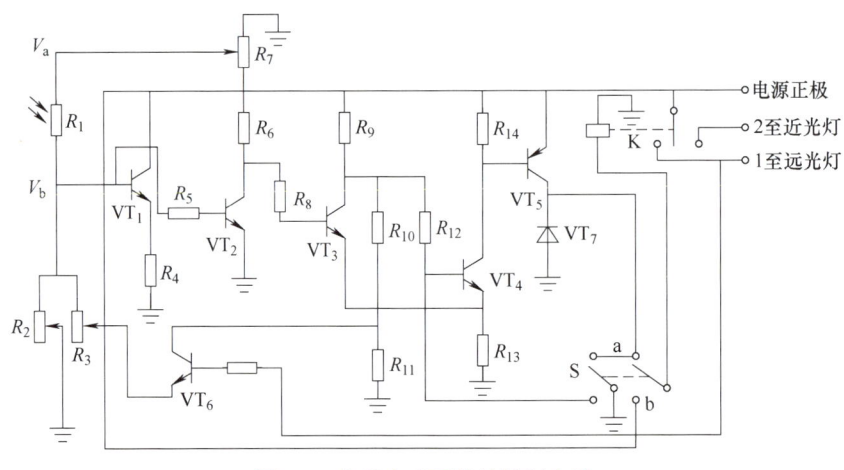

图 2-3 自动变光系统的控制电路

三、诊断流程

1. 电路简图（见图2-4）

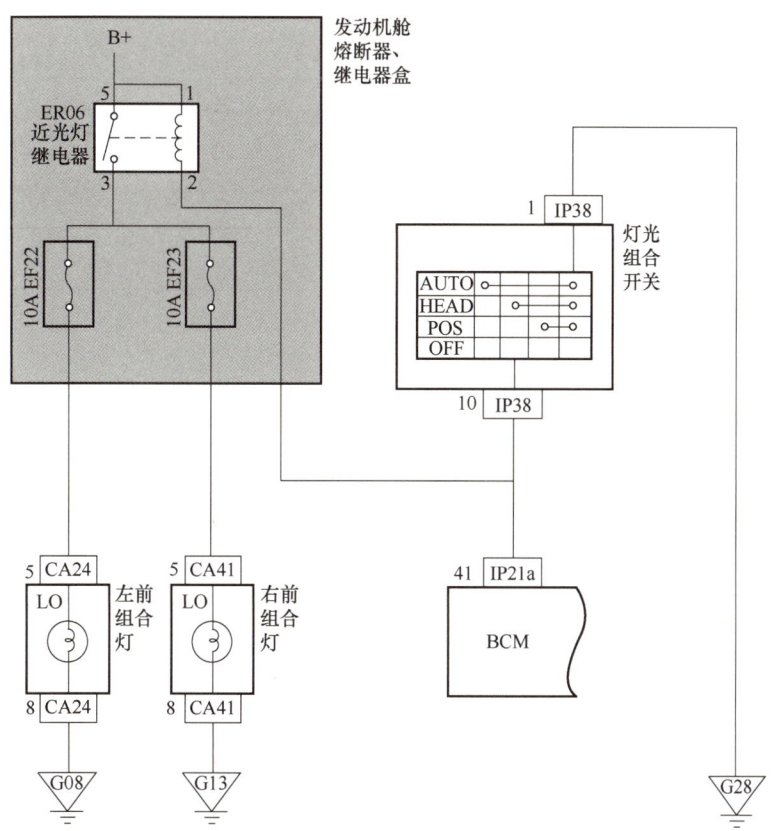

图 2-4　左侧近光灯电路简图

2. 诊断步骤

| 步骤1 | 检查左侧近光灯灯泡，确认灯泡灯丝是否熔断。 |

是 ↓　　　否 ▷ 转至步骤3。

| 步骤2 | 检查左侧近光灯灯泡，确认近光灯是否工作正常。 |

否 ↓　　　是 ▷ 系统正常。

| 步骤3 | 检测线束插接器CA24端子8（见图2-5）和车身搭铁之间的电阻，确认电阻是否符合标准值。 |

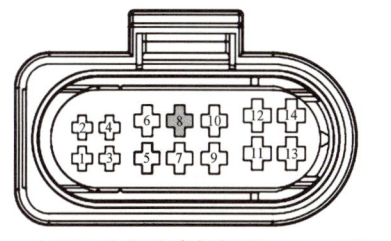

图 2-5　左侧近光灯线束插接器 CA24（端子8）

1）断开近光灯线束插接器 CA24。

2）测量近光灯线束插接器 CA24 端子8和车身搭铁之间的电阻。

电阻标准值：小于1Ω。

| 否 ⇨ | | 是 ⇨ | 系统正常。 |

| 步骤 4 | 检查近光灯熔断器 EF22 是否熔断。 |

| 是 ⇨ | | 否 ⇨ | 转至步骤 6。 |

| 步骤 5 | 检修熔断器 EF22 电路是否正常。 |

1）检查熔断器 EF22 电路是否有短路故障。

2）进行电路修理，确认没有电路短路现象。

3）更换额定电流的熔断器，熔断器的额定值为 10A。

4）确认近光灯是否正常工作。

| 否 ⇨ | | 是 ⇨ | 系统正常。 |

| 步骤 6 | 检测线束插接器 CA24 端子 5（见图 2-6）和车身搭铁之间的电压，确认电压是否符合标准值。 |

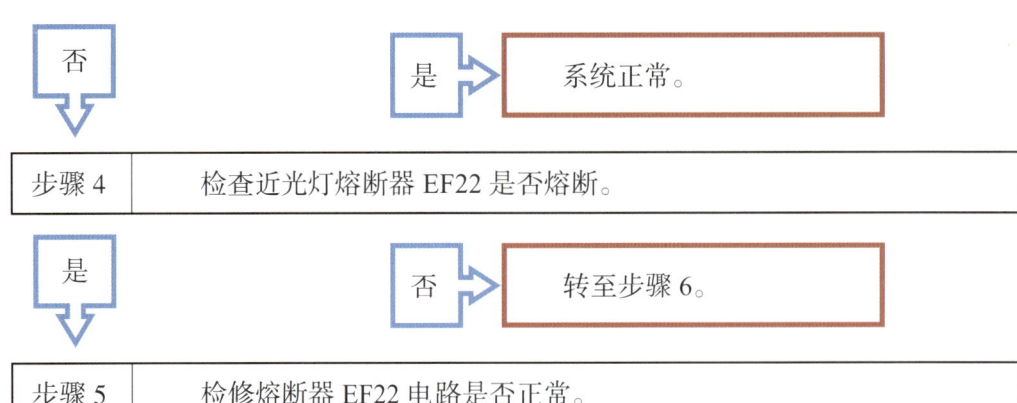

开启近光灯，测量线束插接器 CA24 端子 5 与车身搭铁之间的电压。

电压标准值：11~14V

图 2-6　左侧近光灯线束插接器 CA24（端子 5）

| 否 ⇨ | | 是 ⇨ | 系统正常。 |

| 步骤 7 | 检查熔断器 EF22 与线束插接器 CA24 端子 5 之间的电阻，确认电阻是否符合标准值。 |

测量熔断器 EF22 与线束插接器 CA24 端子 5 之间的电阻。

电阻标准值：小于 1Ω。

| 否 ⇨ | | 是 ⇨ | 系统正常。 |

| 步骤 8 | 检修熔断器 EF22 与线束插接器 CA24 端子 5 之间电路的断路故障。 |

1）确认熔断器 EF22 与线束插接器 CA24 端子 5 之间电路的断路故障修复完成。

电阻标准值：小于 1Ω。

2）确认左近光灯是否正常工作。

3）确认修理完成。

下一步

| 步骤9 | 系统正常。 |

【学习任务单】

| 自动变光系统的检修 | 学习任务单 | 班级：
姓名： |

1）普通车辆在夜间会车时，驾驶人通过变光开关将_____变成_____，以防止对方驾驶人眩目。

2）汽车自动变光系统一般由光敏二极管及放大器单元（感光器）、_____、_____和前照灯闪光超车继电器等组成。

3）如下图所示，当迎面来车的灯光照射在光敏电阻 R_1 上，R_1 的阻值将减小，晶体管_____获得正向偏向偏压而导通，_____也导通，使得_____截止而_____导通，并把低电平信号送至功率晶体管 VT_5 的基极，VT_5 导通，使继电器 K 得电动作，断开远光灯接线柱 1 而接通近光灯接线柱 2，此时前照灯由远光工作转换成近光工作。

当两车交会之后，变光器光敏电阻 R_1 上的光信号消失，R_1 阻值增大，晶体管_____截止，_____也截止，_____导通，_____截止，输出高电平至_____的基极，VT_5 截止，切断继电器 K 线圈中的电流，其触点恢复接通远光灯接线柱 1，即恢复前照灯的远光工作。

【任务实施】 近光灯不工作的检修

◎ 实训器材：

吉利帝豪 EV450、故障诊断仪、常用工具和维修手册等。

◎ 作业准备：

车辆在工位停放周正，铺好车内和车外护套。

◎ 操作步骤：

温馨提示：

不按要求使用远光灯是夜间驾驶安全第一威胁，据权威部门统计：夜间行车中30%~40%的车祸源于滥用远光灯。因不当使用远光灯引发的驾驶人冲突、群殴事件也是频频发生。

一般中高档汽车都装配了自动感应前照灯，能够根据环境的明暗开闭和调节灯光的亮度，使汽车和自然融得更紧密，这也是促进人、车、自然、社会和谐的一个方面。建设和谐社会要靠大家共同努力，广大驾驶人在出行过程中应不开"斗气车"，不做"路怒族"。

一、确认故障现象

根据客户描述的故障现象，打开近光灯开关，左侧近光灯不能点亮。

二、利用故障诊断仪诊断故障

连接故障诊断仪，按下一键起动开关，打开故障诊断仪进入BCM模块，读取故障码和数据流。车辆下电后清除故障码，车辆再次上电后，使用故障诊断仪再次读取故障码并和之前的故障码进行对比，分析故障码的性质。

扫一扫

远光灯不亮故障诊断

扫一扫

单侧近光灯不亮故障诊断

三、故障检测

序号	操作示意图	操作方法	操作标准
1		测量辅助蓄电池电压，万用表红、黑表笔分别接蓄电池正、负接线柱	11~14V
2		检查左侧近光灯灯泡	确认灯泡灯丝是否熔断
3		操作起动开关使电源至"OFF"状态，断开辅助蓄电池负极，拔掉线束插接器CA24，测量线束插接器CA24端子8和车身接地之间的电阻	<1Ω

项目二 新能源汽车照明与信号系统的检修

（续）

序号	操作示意图	操作方法	操作标准
4	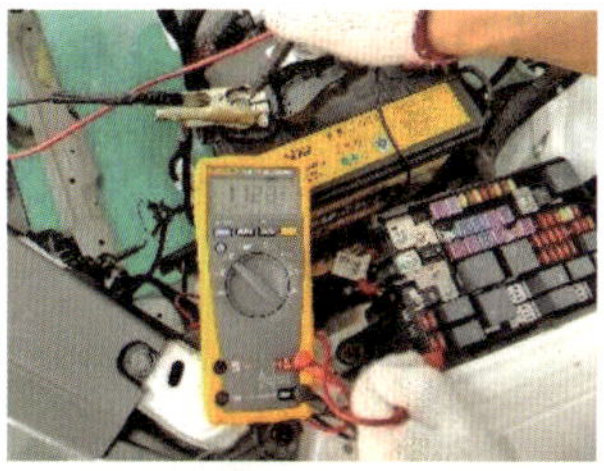 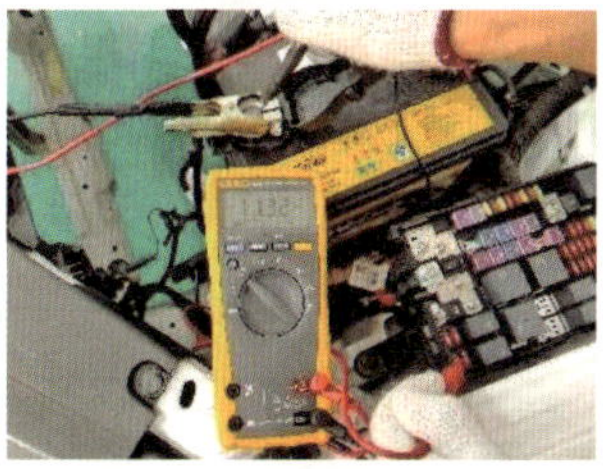	检查熔断器 EF22 是否熔断，检查熔断器 EF22 的电路是否有短路故障	熔断器额定容量为 10A
5	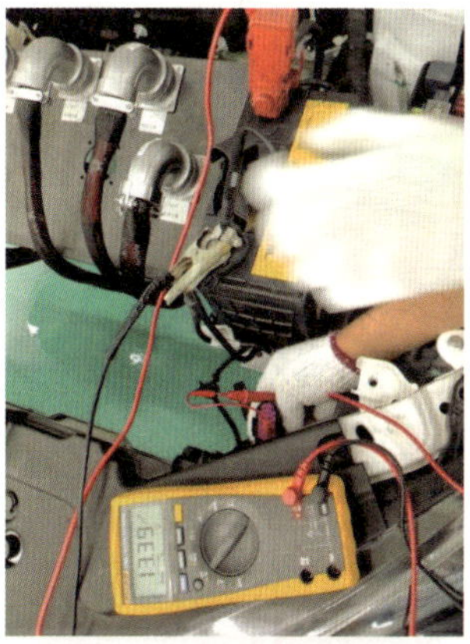 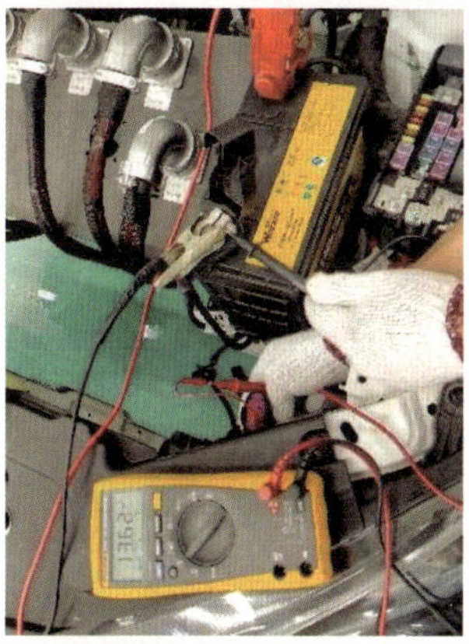	检测线束插接器 CA24 的电源电压 开启近光灯，测量线束插接器 CA24 端子 5 与车身接地之间的电压	电压标准值为 11~14V。 确认电压是否符合标准值
6	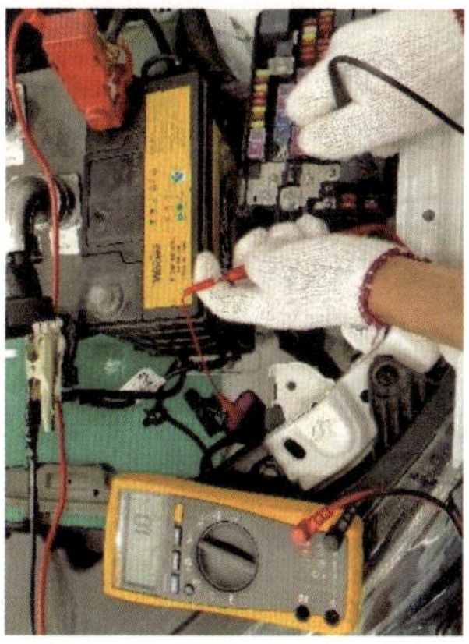	检查熔断器 EF22 与线束插接器 CA24/5 端子之间的电路 测量熔断器 EF22 与线束插接器 CA24 端子 5 之间的电阻	电阻标准值为小于 1Ω 确认电阻是否符合标准值

（续）

序号	操作示意图	操作方法	操作标准
7		检修熔断器 EF22 与线束插接器 CA24/5 端子之间的电路断路故障	电阻标准值为小于 1Ω 确认左侧近光灯能够正常工作

四、竣工检验

1）起动车辆，验证左侧近光灯是否正常工作。

2）整理、恢复作业场地。

【工作任务单】

近光灯不工作的检修	工作任务单	班级：
		姓名：

1. 车辆信息记录

品牌		整车型号		生产年月	
驱动电机型号		动力蓄电池电量		行驶里程	
车辆识别代号					

2. 作业场地准备

检查设置隔离栏	□是 □否
检查设置安全警示牌	□是 □否
检查灭火器压力、有效期	□是 □否
安装车辆挡块	□是 □否

3. 记录故障现象

4. 使用故障诊断仪读取故障码、数据流

故障码	
数据流	

（续）

5. 绘制相关电路图

6. 故障检测

检测对象	检测条件	检测值	标准值	结果判断

7. 故障确认

故障点	故障类型	维修措施

8. 竣工检验

左侧近光灯是否正常工作	□是 □否

9. 作业场地恢复

拆卸车内三件套	□是 □否
拆卸翼子板布	□是 □否
将高压警示牌等放至原位置	□是 □否
清洁、整理场地	□是 □否

【课证融通考评单】

近光灯不工作的检修		实习日期：	
姓名：	班级：	学号：	教师签名：
自评：□熟练 □不熟练	互评：□熟练 □不熟练	师评：□合格 □不合格	
日期：	日期：	日期：	

近光灯不工作的检修【评分细则】

序号	评分项	得分条件	分值	评分要求	自评	互评	师评
1	安全/7S/态度	□1）能进行工位7S操作 □2）能进行设备和工具安全检查 □3）能进行车辆安全防护操作 □4）能进行工具清洁、校准、存放操作 □5）能进行三不落地操作	15	未完成1项扣3分，扣分不得超过15分	□熟练 □不熟练	□熟练 □不熟练	□合格 □不合格

(续)

序号	评分项	得分条件	分值	评分要求	自评	互评	师评
2	专业技能能力	□1）能正确地拆装左侧近光灯灯泡 □2）能正确地拆装前照灯线束插接器 □3）能正确地拆装左侧近光灯熔断器	50	未完成1项扣5分	□熟练 □不熟练	□熟练 □不熟练	□合格 □不合格
3	工具及设备的使用能力	□能正确地使用维修工具	10	未完成1项扣3分，扣分不得超过10分	□熟练 □不熟练	□熟练 □不熟练	□合格 □不合格
4	资料、信息查询能力	□1）能正确地使用维修手册查询资料 □2）能正确地记录所需维修信息	10	未完成1项扣3分	□熟练 □不熟练	□熟练 □不熟练	□合格 □不合格
5	数据判断和分析能力	□1）能判断灯泡灯丝的好坏 □2）能判断熔断器的好坏	10	未完成1项扣3分	□熟练 □不熟练	□熟练 □不熟练	□合格 □不合格
6	表单填写报告的撰写能力	□1）字迹清晰 □2）语句通顺 □3）无错别字 □4）无涂改 □5）无抄袭	5	未完成1项扣1分，扣分不得超过5分	□熟练 □不熟练	□熟练 □不熟练	□合格 □不合格

总分：

任务二　转向信号系统的检修

转向信号灯装于汽车前、后、左、右角，用于汽车转弯时发出明暗交替的闪光信号，使前后车辆、行人、交警知道其行驶方向。行车过程中，转向信号灯除了基本的提示转弯、并线功能外，有时也是驾驶人之间交流的信号。正确合理地运用转向信号灯，可以让人们在路上更加自如，同时也能减少不必要的误会。若汽车转向信号系统无法正常工作，将会给行车带来安全隐患。

【学习目标】

◎ 知识目标：

1）掌握新能源汽车转向信号系统的工作原理。

2）掌握新能源汽车转向信号系统的故障诊断流程与注意事项。

3）掌握新能源汽车转向信号系统的开关、控制器、灯泡、插座、插头和导线的测试与更换方法。

◎ 技能目标：

1）具备正确使用汽车电气故障诊断常用工具的能力。

2）具备规范检查、测试、维修或更换新能源汽车转向信号系统的开关、控制器、灯泡、插座、插头和导线的能力。

◎ 素养目标：

1）具备与本专业职业发展相适应的劳动素养、劳动技能。

2）勇于奋斗、乐观向上，具备职业生涯规划能力，有较强的集体意识和团队合作精神。

3）遵守道德准则和行为规范，培养学生的社会责任感和社会参与意识。

【任务描述】

一辆吉利帝豪 EV450 用户反映：左前组合灯（转向信号灯）不亮，其他转向信号灯正常。经过维修技师检测，初步认为电路故障或灯泡故障，需要选择正确工具对故障进行检测并修复。

【获取信息】

一、转向信号系统的操作与使用场景

在启用转向信号灯时，前后转向信号灯和侧转向信号灯闪烁，发出转向信号。转向信号灯仅在电源模式至"ON"状态时工作。转向信号灯由转向柱左侧的灯开关控制。往上或往下拨动操纵杆（超过止动点）将点亮前、后和侧转向信号灯。在转弯结束后，操纵杆返回水平位置，转向信号灯停止闪亮。

在变道或转小弯时，由于转向盘转角不大，可能无法取消转向信号，因此仅将操纵杆转至一个止动位置并保持在此位置，当操纵杆松开后，操纵杆返回水平位置，转向信号即被取消。

当遥控防盗系统工作时，BCM 可以控制转向信号灯闪烁表明遥控防盗系统的工作状态。

转向信号灯的正确使用场景如下：

1）进入高速公路时开启左转向信号灯。

2）驶离高速公路时开启右转向信号灯。

3）从辅路驶入主干道时开启左转向信号灯。

4）从主干道驶入辅路开启右转向信号灯。

5）进入环岛时不用打转向信号灯，驶离环岛时开启右转向信号灯。

6）停车入位前向车位一侧开启转向信号灯。

> **温馨提示：**
>
> 据资料显示，因转弯、变道等情况下不打转向信号灯造成的事故每年都有多起，车辆行驶中在看到后方没有车辆或者两车相距很远准备转弯的时候，同样不应不打转向信号灯就直接变道。
>
> 同学们应树立新时期荣辱观，以遵纪守法为荣，以违法乱纪为耻，从自身做起，提高遵纪守法的道德素养，为我国依法治国"添砖加瓦"。

二、转向信号灯电路分析

下面以右转向信号灯为例进行具体分析。

1. 右转向信号灯开启电路

当起动开关置于"ON"档后，车身控制模块 BCM 能够检测到转向信号灯电路的电压信号。工作电流通过 BCM 的 IP20a/34 端子→灯光组合开关 IP38/13 端子→灯光组合开关 IP38/12 端子→搭铁点 G28，形成闭合回路。

2. 右转向信号灯工作电路

当灯光组合开关置于右转向信号灯档位时，BCM 检测到转向信号灯电路的电压信号后发出指令，接通右转向电路，BCM 给出正极信号：① BCM 的 IP21a/35 端子→右前组合灯（转向信号灯）CA41/7 端子→右前组合灯（转向信号灯）CA41/8 端子→接地点 G13，形成闭合回路，右前转向信号灯点亮。② BCM 的 IP21a/35 端子→右后组合灯 A（转向信号灯）SO41a/1 端子→右后组合灯 A（转向信号灯）SO41a/2 端子→接地点 G39，形成闭合回路，右后组合灯 A（转向信号灯）点亮。③ BCM 的 IP21a/35 端子→右后组合灯 B（转向信号灯）SO42/1 端子→右后组合灯 B（转向信号灯）SO42/2 端子→搭铁点 G39，形成闭合回路，右后组合灯 B（转向信号灯）点亮。吉利帝豪 EV450 转向信号系统电路简图如图 2-7 所示。

注意：当按下危险警告灯按钮时，左、右转向信号灯同时闪亮。

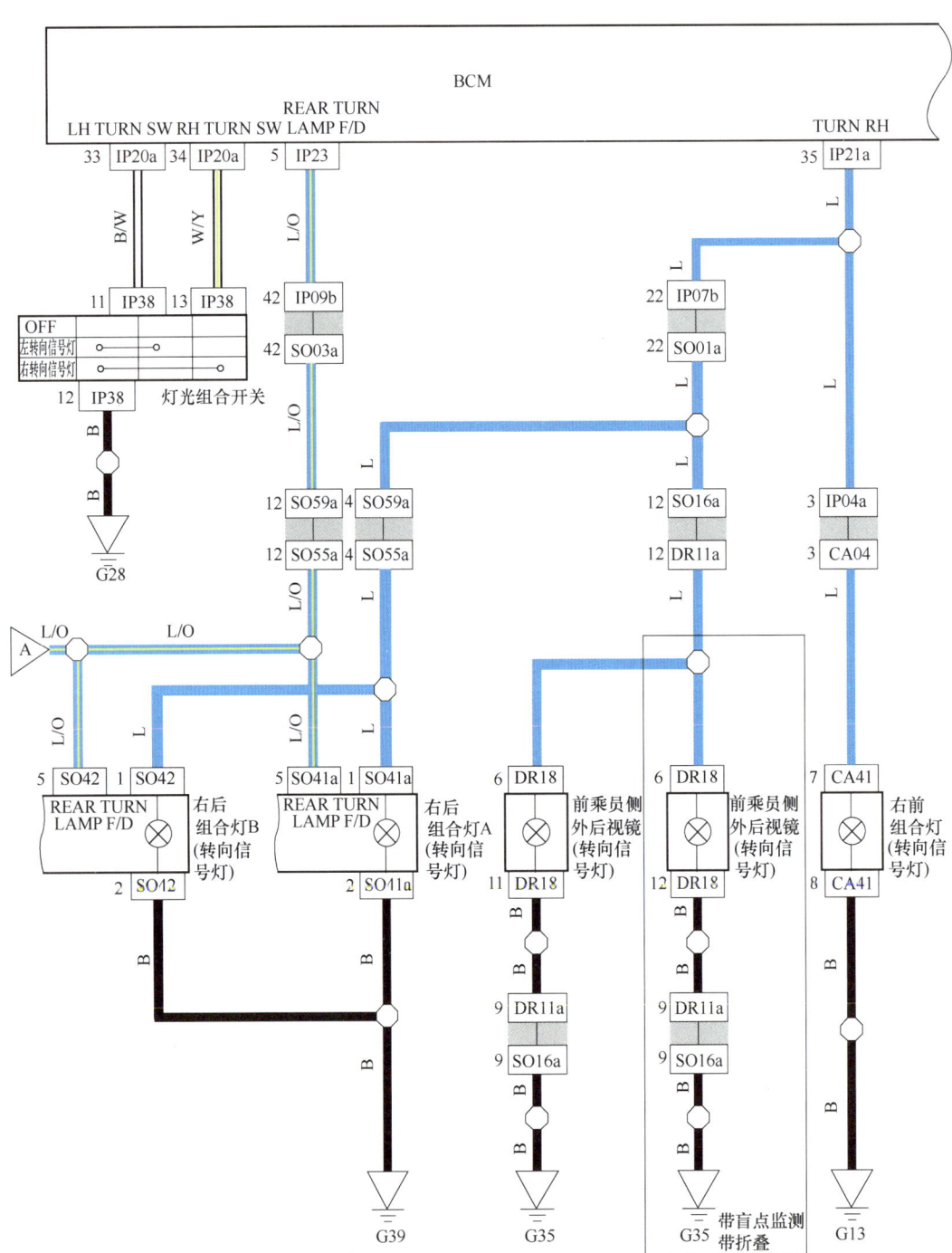

图 2-7　吉利帝豪 EV450 转向信号系统电路简图

三、诊断流程

1. 电路简图（见图 2-8）

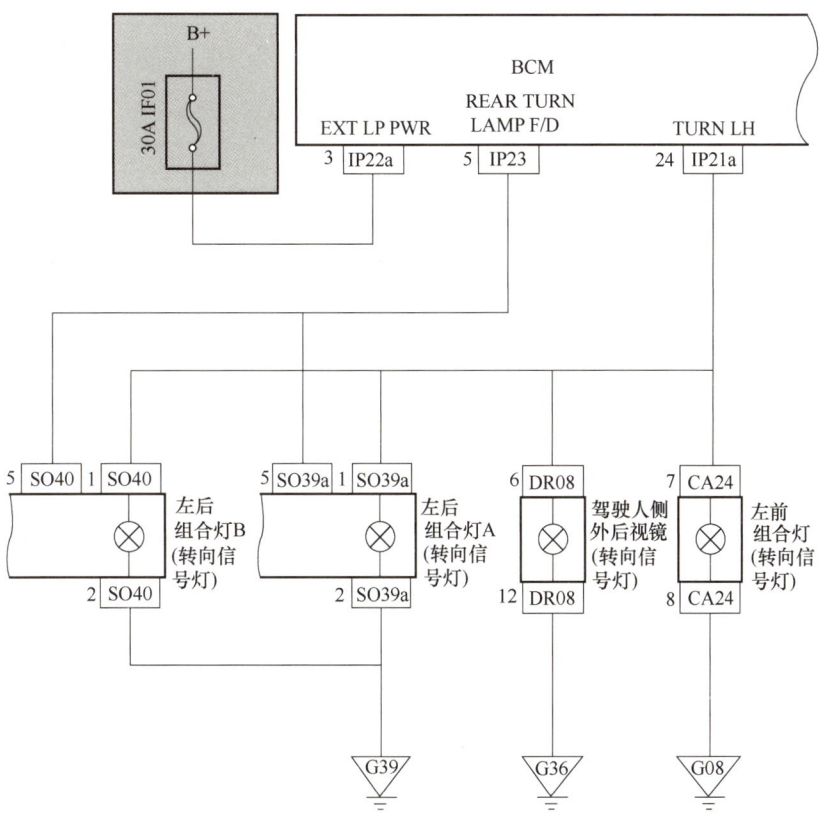

图 2-8　左前组合灯电路简图

2. 诊断步骤

| 步骤 1 | 检查转向信号灯灯泡，确认灯泡灯丝是否熔断。 |

拆卸转向信号灯灯泡，检查灯泡灯丝。

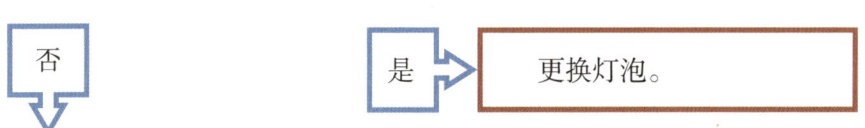

| 步骤 2 | 检查熔断器 IF01，判断熔断器及前端供电电路是否正常。 |

测量熔断器 IF01 两端对地电压，数据分析结果见表 2-1。

表 2-1　熔断器 IF01 测量数据分析表

IF01 输入端对地电压	IF01 输出端对地电压	分析结果
+B	+B	IF01 熔断器正常
+B	0	IF01 熔断器断路
+B	0~+B	IF01 熔断器内部虚接
0	0	IF01 熔断器前端供电电路断路
0~+B	0~+B	IF01 熔断器前端供电电路虚接

注：+B 为辅助蓄电池的电压值。

 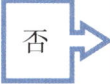 更换熔断器或线束。

| 步骤 3 | 检测 BCM IP22a/3 端子对地电压，判断是否正常。 |

打开起动开关，用万用表测量 BCM IP22a/3 端子对地电压值，数据分析结果见表 2-2。

表 2-2　BCM IP22a/3 端子对地电压数据分析表

BCM IP22a/3 端子对地电压值	分析结果
+B	正常
0	BCM IP22a/3 端子至熔断器 IF01 电路断路
0~+B	BCM IP22a/3 端子至熔断器 IF01 电路虚接

  更换线束。

| 步骤 4 | 检测左前组合灯（转向信号灯）CA24/7 端子的电压，判断是否正常。 |

打开转向信号灯开关，测量左前组合灯（转向信号灯）CA24/7 端子对地电压值，数据分析结果见表 2-3。

表 2-3　CA24/7 端子对地电压数据分析表

CA24/7 端子对地电压值	分析结果
+B	正常
0	1）BCM IP21a/24 端子至左前组合灯（转向信号灯）CA24/7 端子电路断路 2）BCM 自身故障
0~+B	1）BCM IP21a/24 端子至左前组合灯（转向信号灯）CA24/7 端子电路虚接 2）BCM 自身故障

根据故障现象——左前组合灯（转向信号灯）不亮，其他转向信号灯正常，可以判断 BCM 正常。

 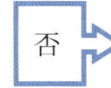 更换线束。

| 步骤 5 | 检测蓄电池正极对左前组合灯（转向信号灯）CA24/8 端子的电压，判断是否正常。 |

用万用表测量蓄电池正极对左前组合灯（转向信号灯）CA24/8 端子的电压，数据分析结果见表 2-4。

表 2-4　蓄电池正极对左前组合灯（转向信号灯）CA24/8 端子电压数据分析表

蓄电池正极对左前组合灯 CA24/8 端子电压值	分析结果
+B	正常
0	左前组合灯 CA24/8 端子至接地点 08 电路断路

项目二 新能源汽车照明与信号系统的检修

是 ↓

步骤6	分析完成，系统正常。

【学习任务单】

转向信号系统的检修	学习任务单	班级：
		姓名：

1）吉利帝豪 EV450 灯光组合开关 IP38＿＿＿＿端子为左转向信号线，IP38＿＿＿＿端子为右转向信号线。

2）转向信号灯仅在电源模式至＿＿＿＿状态时工作。

3）当＿＿＿＿系统工作时，BCM 可以控制转向信号灯闪烁表明系统的工作状态。

4）当灯光组合开关置于右转向信号灯档位时，BCM 在检测到转向信号灯电路的＿＿＿＿后发出指令，接通右转向信号电路，BCM 给出＿＿＿＿。

5）熔断器 IF01 额定电流＿＿＿＿A。

【任务实施】 转向信号系统的检修

◎ **实训器材：**

警示标志、警示隔离带、绝缘手套、橡胶手套、绝缘垫、绝缘帽、绝缘鞋、护目镜、绝缘工具、万用表、绝缘测试仪、吉利帝豪 EV450。

◎ **作业准备：**

检查车辆运行状况，万用表和绝缘测试仪是否工作正常，绝缘帽、护目镜、绝缘鞋和绝缘垫有无损坏。

◎ **操作步骤：**

一、确认故障现象

起动车辆，灯光组合开关至左转向信号灯档，左前转向信号灯不工作，其他转向信号灯正常。

二、利用故障诊断仪诊断故障

连接故障诊断仪，按下一键起动开关，打开故障诊断仪进入 VCU 模块，读取故障码和数据流。车辆下电后清除故障码，车辆再次上电后，使用故障诊断仪再次读取故障码并和之前的故障码进行对比，分析故障码的性质。

扫一扫

危险警告灯不亮故障诊断

扫一扫

制动灯常亮故障诊断

三、故障检测

序号	操作示意图	操作方法	操作标准
1		断开辅助蓄电池负极，拆下转向信号灯灯泡，检查转向信号灯灯丝情况	灯丝没有断裂、灯座丝没有腐蚀等现象
2		装上蓄电池负极，打开起动开关，测量熔断器 IF01 两端对地电压	输入端、输出端对地电压：均为 +B，正常；分别为 +B、0V，说明熔断器内部断路；分别为 +B、0~+B，说明熔断器内部虚接；均为 0V，说明熔断器前端电路断路；均为 0~+B，说明熔断器前端供电电路虚接
3		测量 BCM IP22a/3 端子对地电压	电压值为 +B，正常；电压值为 0V，说明供电电路断路；电压值为 0~+B，说明供电电路虚接
4		打开组合开关至左转向信号灯档，测量左前组合灯（转向信号灯）CA24/7 端子的电压	电压值为 +B，正常；电压值为 0V，说明供电电路断路或 BCM 自身故障；电压值为 0~+B，说明供电电路虚接或 BCM 自身故障
5		断开蓄电池负极，测量蓄电池正极对左前组合灯（转向信号灯）CA24/8 端子的电压	电压值为 +B，正常；电压值为 0V，说明供电电路断路

四、竣工检验

1）起动车辆，验证左前转向信号灯是否正常工作。

2）整理、恢复作业场地。

【工作任务单】

转向信号系统的检修	工作任务单	班级：	
		姓名：	

1. 车辆信息记录

品牌		整车型号		生产年月	
驱动电机型号		动力蓄电池电量		行驶里程	
车辆识别代号					

2. 作业场地准备

检查设置隔离栏	□是 □否
检查设置安全警示牌	□是 □否
检查灭火器压力、有效期	□是 □否
安装车辆挡块	□是 □否

3. 记录故障现象

4. 使用故障诊断仪读取故障码、数据流

故障码	
数据流	

5. 绘制相关电路图

6. 故障检测

检测对象	检测条件	检测值	标准值	结果判断

(续)

7. 故障确认

故障点	故障类型	维修措施

8. 竣工检验

左前转向信号灯是否正常工作	□是 □否

9. 作业场地恢复

拆卸车内三件套	□是 □否
拆卸翼子板布	□是 □否
将高压警示牌等放至原位置	□是 □否
清洁、整理场地	□是 □否

【课证融通考评单】

转向信号系统的检修			实习日期：	
姓名：	班级：		学号：	教师签名：
自评：□熟练 □不熟练	互评：□熟练 □不熟练		师评：□合格 □不合格	
日期：	日期：		日期：	

转向信号系统的检修【评分细则】

序号	评分项	得分条件	分值	评分要求	自评	互评	师评
1	安全/7S/态度	□1）能进行工位7S操作 □2）能进行设备和工具安全检查 □3）能进行车辆安全防护操作 □4）能进行工具清洁、校准、存放操作 □5）能进行三不落地操作	15	未完成1项扣3分，扣分不得超过15分	□熟练 □不熟练	□熟练 □不熟练	□合格 □不合格
2	专业技能能力	□1）能正确做数字绝缘测试仪开路检测并确认电阻无穷大 □2）能正确做数字绝缘测试仪短路检测并确认电阻小于1Ω □3）能确认数字绝缘测试仪上"TEST"功能正常 □4）能正确检测绝缘垫绝缘性且佩戴绝缘手套与护目镜 □5）能正确地检修转向信号灯灯泡 □6）能正确地检修熔断器 □7）能正确地检修电路通断	50	未完成1项扣5分	□熟练 □不熟练	□熟练 □不熟练	□合格 □不合格
3	工具及设备的使用能力	□1）能正确地使用维修工具 □2）能正确地使用绝缘电阻仪 □3）能正确地使用万用表	10	未完成1项扣3分	□熟练 □不熟练	□熟练 □不熟练	□合格 □不合格
4	资料、信息查询能力	□1）能正确地查询电路图 □2）能正确地使用维修手册查询资料 □3）能正确地记录所需维修信息	10	未完成1项扣3分	□熟练 □不熟练	□熟练 □不熟练	□合格 □不合格

（续）

序号	评分项	得分条件	分值	评分要求	自评	互评	师评
5	数据判断和分析能力	□1）能判断灯泡灯丝是否熔断 □2）能判断熔断器是否熔断 □3）能判断电路是否正常	10	未完成1项扣3分	□熟练 □不熟练	□熟练 □不熟练	□合格 □不合格
6	表单填写报告的撰写能力	□1）字迹清晰 □2）语句通顺 □3）无错别字 □4）无涂改 □5）无抄袭	5	未完成1项扣1分，扣分不得超过5分	□熟练 □不熟练	□熟练 □不熟练	□合格 □不合格

总分：

项目测评

一、填空题

1）汽车前照灯一般由_____、_____、_____三部分组成。

2）汽车转向信号灯兼有_____功能和_____功能。

3）当按下_____按钮时，左、右转向信号灯同时闪亮。

4）当起动开关置于_____后，BCM能够检测到转向信号灯电路的电压信号。

二、判断题

1）搭铁点G28故障引起左、右转向信号灯无法正常工作。　　（　　）

2）搭铁点G30故障引起危险警告信号灯无法正常工作。　　（　　）

3）危险报警开关输送电压信号给BCM开启危险警告灯。　　（　　）

4）汽车转向信号灯的灯光颜色一般为白色。　　（　　）

三、简答题

简述吉利帝豪EV450转向信号灯的工作原理。

项目三
新能源汽车仪表与报警系统的检修

任务一　仪表系统的检修

为了使驾驶人随时观察与掌握汽车各系统的工作状态,在驾驶室仪表板上装有各种指示仪表,主要包括动力蓄电池电量表、ECO/SPORT 指示、功率表、车速表、档位显示、里程表、续驶里程、充电显示等。

> **温馨提示:**
>
> 驾驶人在驾驶车辆时必须通过汽车仪表准确、及时地了解汽车的各种参数是否正常,以便采取相应措施,防止发生事故。同样,人们在日常工作中也要时刻注重查摆问题,增强自我反省、自我完善、自我革新和自我提高的意识。

【学习目标】

◎ 知识目标：

1）掌握新能源汽车仪表系统的工作原理。

2）掌握新能源汽车仪表系统的故障诊断流程与注意事项。

3）掌握新能源汽车仪表照明电路的印制电路板、开关、继电器、灯泡、插座、插头、导线和控制器的更换方法。

◎ 技能目标：

1）具备正确使用汽车电气故障诊断常用工具的能力。

2）具备规范检查、测试、维修或更换新能源汽车仪表、报警电路的印制电路板、开关、继电器、灯泡、插座、插头、导线和控制器的能力。

◎ 素养目标：

1）在操作过程中准确说出新能源汽车仪表的使用方法，提升语言表达能力。
2）培养学生严谨细致的职业素养。

一辆吉利帝豪 EV450 的用户反映：组合仪表不显示。经过维修技师检测，初步认为这是电路故障或组合仪表总成故障，需要选择正确工具对故障进行检测并修复。

一、仪表的唤醒与睡眠

1）仪表睡眠，但 IGN 起动仪表唤醒显示 LOGO 后，进入功能主界面，背光点亮。

2）仪表唤醒，但 LCD 和背光熄灭，当 IGN 起动仪表唤醒显示 LOGO 后，进入功能主界面，背光点亮。

3）仪表唤醒且 LCD 点亮，IGN 起动仪表正常工作，但不显示 LOGO。

4）仪表睡眠，但位置灯点亮，仪表被唤醒，可显示 LED 报警灯，但 LCD 不点亮。

5）仪表睡眠，当有 CAN 信号时，分为以下情况：

① CAN 数据有充电信号、四门两盖信号和 PEPS 报警信号时，LCD 被点亮。

② CAN 数据有除充电信号、四门两盖信号和 PEPS 报警信号外的信号时，LCD 不被点亮。

组合仪表从起动开关打开→MCU 收到该信号→MCU 初始化完成→MCU 开始收发 CAN 报文，应在 500ms 内完成。

通过位置灯控制背光的情况见表 3-1。

表 3-1 通过位置灯控制背光的情况

位置灯	CAN 网络	ON 档位置	仪表显示功能
关闭	关闭	关闭	睡眠，接收到需要显示的信息时应予以显示
开启	关闭	关闭	唤醒，显示默认显示界面及接收到的信息
—	开启	关闭	唤醒，显示接收到的 CAN 信息
—	—	开启	唤醒，显示接收到的信息

二、新能源汽车常用仪表

汽车仪表是汽车系统中重要的组成部分，传统的电磁和机械仪表结构臃肿、布线复杂、占用空间大、显示信息有限，已无法满足汽车智能化发展的需求。汽车仪表的电子化使得仪表可以快速准确地获得行车过程中车辆的信息，如胎压、安全气囊状态、制动装置状态等，驾驶人可通过仪表显示的各种信息及时了解并掌握汽车的运行状态，能快速准确地处理各种状况。汽车液晶仪表的推出提高了电控单元的利用率，增大了电控单元的通信速率、可靠性和准确率，是汽车电子化发展的必然趋势。

吉利帝豪EV450配备了液晶显示仪表，中央为7in（1in=0.0254m）显示屏，两侧则为半圆形数字显示仪表。其中7in显示屏和8in中控台显示屏可实现"智能双屏互动"功能，液晶显示仪表外观如图3-1所示。

图3-1　吉利帝豪EV450的液晶显示仪表

1. 转速表

转速表以指针指示的形式指示当前驱动电机的转速。仪表显示转速范围是（0~14）×1000r/min，最小分度是0.5×1000r/min，转速表红区范围是（12~14）×1000r/min。

2. 动力蓄电池电量表

该表以柱状条形式显示当前动力蓄电池剩余电量，当动力蓄电池电量过低时，动力蓄电池电量表的柱状条的颜色变为红色，此时请及时充电；当动力蓄电池电量充足时，动力蓄电池电量表的柱状条的颜色为蓝色。在充电情况下，电量进度条会出现上涨动画，同时在旁边会显示充电剩余时间或快充模式标志。

吉利帝豪EV450充满电后仪表盘显示续驶总里程为400km，如图3-2所示，随着行驶里程的增加，动力蓄电池电量表柱状条逐渐变短，图3-3所示为续驶里程剩余139km时的电量显示，剩余里程较少时，柱状条变成红色，当电量即将耗尽时，会有"电量不足　请及时充电"的提示，如图3-4所示。

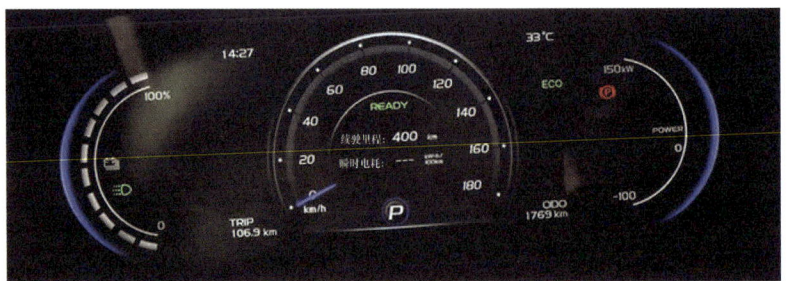

图3-2　满电状态的动力蓄电池电量表

3. ECO/SPORT指示

吉利帝豪EV450有两种驾驶模式：ECO模式和SPORT模式。ECO模式为车辆行驶的默认模式。SPORT模式为运动模式，当驾驶人按下"SPORT MODE"开关，车辆将进入 SPORT 模式，此时控制系统将使车辆具有更好的动力性能，同时也会造成电能消耗增加。仪表背光为橙色，其他情况下背光颜色均为蓝色（整车上电时仪表背光颜色也默认为蓝色）。图 3-5 所示为车辆进入 ECO 模式。

图 3-3　部分电量状态的动力蓄电池电量表

图 3-4　电量不足提示

图 3-5　车辆进入 ECO 模式

4. 功率表

功率表用于显示车辆当前驱动电机的输出功率大小，功率表以柱状条形式显示当前功率值。当功率表显示正功率时，仪表显示功率的柱状条为蓝色，表明驱动电机正在消耗电能输出功率。图 3-6 所示为吉利帝豪 EV450 的功率表。

当功率表显示负功率时，仪表显示功率用的柱状条变为绿色，说明驱动电机正在发电并给动力蓄电池充电。

5. 车速表

车速表以指针形式指示当前车速，车速表显示车速范围为 0~180 km/h，最小分度为 5km/h。当车速高于 120km/h 时（允许误差 -1km/h），蜂鸣器以 1Hz 鸣叫 10s；当车速低于 115km/h 时（允许误差为 +1km/h），蜂鸣器停止鸣叫。在起动后，车速表的指针会回零，即指针指向 0km/h 的刻度线，若指针没有回零，应联系服务商。图 3-7 所示为吉利帝豪 EV450 的车速表。

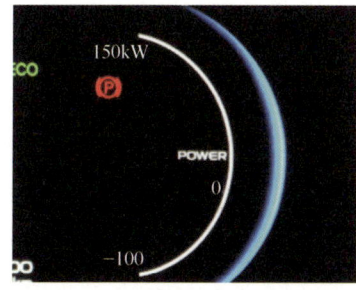

图 3-6　吉利帝豪 EV450 的功率表

图 3-7　吉利帝豪 EV450 的车速表

6. 小计里程

小计里程显示范围为 0.0~999.9km，当达到最大值后，小计里程显示从 0.0km 开始重新计算。小计里程显示上次小计里程复位或者上电后行驶的全部里程。如果仪表蓄电池掉电并超过仪表设定的缓冲时间，小计里程值将被清零。

7. 总里程

总里程显示范围为 0~999999km，当总里程达到最大值后，它的显示保持不变。

8. 档位显示

档位显示用以显示汽车当前档位，共有：R、N、D、P 四个档位，默认档位为 N 位。在档位切换时，会出现档位切换跳转的动画，待切换完成后，只显示当前档位，其他档位不显示。当档位切换出现不是 R、N、D、P 四个档位中的任意一个档位时，仪表显示前一次的档位，并以档位闪烁的方式提示。例如，图 3-8 档位显示为 D 位，图 3-9 档位显示为 P 位。

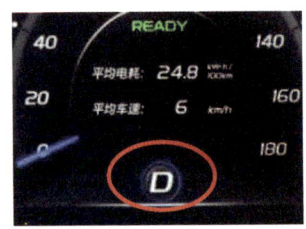 

图 3-8　D 位　　　　　　　　　　图 3-9　P 位

9. 续驶里程

续驶里程不可以修改，是通过处理计算得出的，用以显示在仅依靠动力蓄电池中的电能时支持该车行驶的最高里程。

10. 充电显示

1）在 IGN 为 "OFF" 时仪表收到 VCU 发出的充电信号后会显示充电界面。

2）在充电过程中显示充电电流和充电剩余时间。

3）仪表收到 VCU 发出的开始充电信号时会给出充电线连接指示。

4）充电完成后仪表收到 VCU 发出的充电完成信号时会显示充电完成，不显示充电电流和充电剩余时间。

5）第一次进入充电界面时，LCD 亮 3min 后亮度会变暗一级。

6）LCD 亮度变暗一级后打开左前门后再关上时 LCD 会变亮 1min 后再次变暗，这个门开变亮功能可重复使用。

7）仪表收到 VCU 发出的未充电信号或连续 500ms 接收不到 VCU 发出的充电信号时不显示充电界面。

8）在 IGN 为 "OFF" 时仪表收到 VCU 发出的充电时间反馈信号后会显示充电剩余时间。

9）在 IGN 为 "OFF" 时仪表收到 VCU 发出的充电模式信号后会显示快充模式。

三、诊断流程

| 步骤 1 | 检查熔断器 IF35，判断熔断器及前端供电电路是否正常。 |

测量熔断器 IF35 两端对地电压，数据分析表见表 3-2。

表 3-2　熔断器 IF35 测量数据分析表

IF35 输入端对地电压 /V	IF35 输出端对地电压 /V	分析结果
+B	+B	IF35 熔断器正常
+B	0	IF35 熔断器断路
+B	0~+B	IF35 熔断器内部虚接
0	0	IF35 熔断器前端供电电路断路
0~+B	0~+B	IF35 熔断器前端供电电路虚接

注：+B 为辅助蓄电池的电压值。

 是

 否 → 更换熔断器或线束。

| 步骤 2 | 检测组合仪表 IP01/32 端子对地电压，判断是否正常。 |

用万用表测量组合仪表 IP01/32 端子（见图 3-10 和图 3-11）对地电压值，数据分析表见表 3-3。

表 3-3　IP01/32 端子对地电压数据分析表

IP01/32 端子对地电压值 /V	分析结果
+B	正常
0	组合仪表 IP01/32 端子至熔断器 IF35 电路断路
0~+B	组合仪表 IP01/32 端子至熔断器 IF35 电路虚接

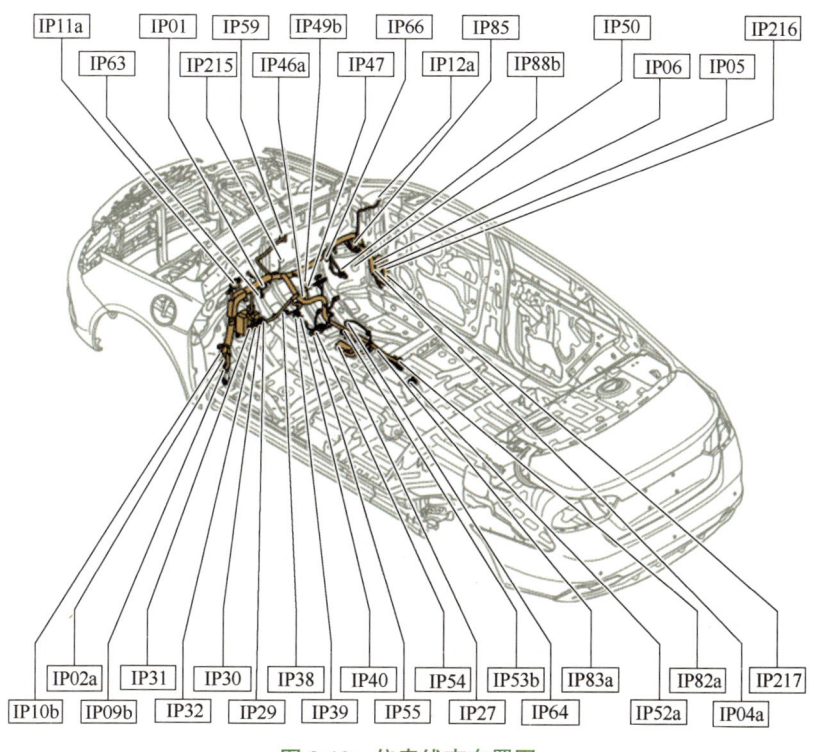

图 3-10　仪表线束布置图

图 3-11　IP01 组合仪表端子图

| 步骤 3 | 检查熔断器 IF25，判断熔断器 IF25 及前端供电电路是否正常。 |

打开起动开关，测量熔断器 IF25 两端对地电压，数据分析表见表 3-4。

表 3-4　熔断器 IF25 测量数据分析表

IF25 输入端对地电压 /V	IF25 输出端对地电压 /V	分析结果
+B	+B	IF25 熔断器正常
+B	0	IF25 熔断器断路
+B	0~+B	IF25 熔断器内部虚接
0	0	IF25 熔断器前端供电电路断路
0~+B	0~+B	IF25 熔断器前端供电电路虚接

注：+B 为辅助蓄电池的电压值。

 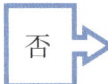

| 步骤 4 | 检测组合仪表 IP01/13 端子对地电压，判断是否正常。 |

打开起动开关，用万用表测量组合仪表 IP01/13 端子对地电压值，数据分析表见表 3-5。

表 3-5　IP01/13 端子对地电压数据分析表

IP01/13 端子对地电压值 /V	分析结果
+B	正常
0	组合仪表 IP01/13 端子至熔断器 IF25 电路断路
0~+B	组合仪表 IP01/13 端子至熔断器 IF25 电路虚接

| 步骤 5 | 检测蓄电池正极对组合仪表 IP01/16 端子的电压，判断是否正常。 |

用万用表测量组合仪表 IP01/13 端子对组合仪表 IP01/16 端子的电压值，数据分析表见表 3-6。

表 3-6　组合仪表 IP01/13 端子对组合仪表 IP01/16 端子电压值数据分析表

组合仪表 IP01/13 端子对组合仪表 IP01/16 端子电压值 /V	分析结果
+B	正常
0	组合仪表 IP01/16 端子至搭铁点 23 电路断路

是 ↓　　　　否 ⇨　更换线束。

步骤 6	更换组合仪表。

是 ↓

步骤 7	系统正常。

【学习任务单】

仪表系统的检修	学习任务单	班级： 姓名：

1）转速表以指针指示的形式指示当前_____的转速。

2）动力蓄电池电量表实时显示当前剩余电量，当动力蓄电池电量过低时，动力蓄电池电量表的柱状条的颜色变为_____，当动力蓄电池电量充足时，动力蓄电池电量表的柱状条的颜色变为_____。

3）ECO 模式为_____模式，SPORT 模式为_____。

4）当功率表显示正功率时，仪表显示功率用的柱状条为_____，当功率表显示负功率时，仪表显示功率用的柱状条为_____。

5）写出下表图形符号名称。

图形	名称
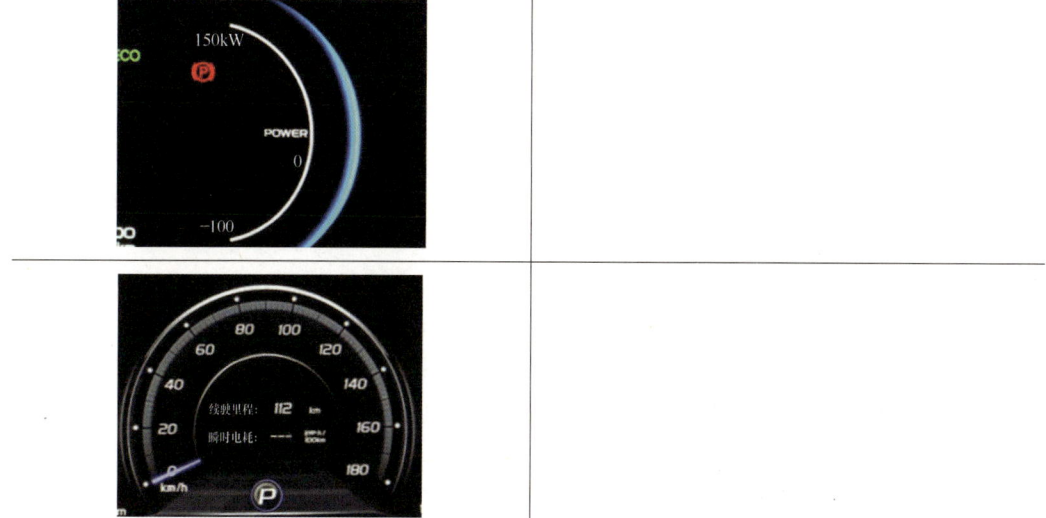	

新能源汽车电气技术

【任务实施】 仪表系统的检修

◎ 实训器材：

警示标志、警示隔离带、绝缘手套、橡胶手套、绝缘垫、绝缘帽、绝缘鞋、护目镜、绝缘工具、万用表、绝缘测试仪、吉利帝豪 EV450。

◎ 作业准备：

检查车辆运行状况，检查万用表、绝缘测试仪是否工作正常，检查绝缘帽、护目镜、绝缘鞋、绝缘垫有无损坏。

◎ 操作步骤：

扫一扫

仪表更换

扫一扫

EV450 仪表不亮故障诊断

一、确认故障现象

起动车辆，组合仪表不显示。

二、利用故障诊断仪诊断故障

连接故障诊断仪，按下一键起动开关，打开故障诊断仪进入 BCM 模块，读取故障码和数据流。车辆下电后，清除故障码，车辆再次上电后，使用故障诊断仪再次读取故障码并和之前的故障码进行对比，分析故障码的性质。

三、故障检测

序号	操作示意图	操作方法	操作标准
1		打开起动开关，测量熔断器 IF35 两端对地电压	输入端、输出端对地电压：均为 +B V，正常；分别为 +B、0V，说明熔断器内部断路；分别为 +B、0~+B，说明熔断器内部虚接；均为 0V，说明熔断器前端电路断路；均为 0~+B V，说明熔断器前端供电电路虚接
2		检测组合仪表 IP01/32 端子对地电压	电压值为 +B V，正常；电压值为 0V，说明供电电路断路

58

项目三　新能源汽车仪表与报警系统的检修

（续）

序号	操作示意图	操作方法	操作标准
3	 	打开起动开关，检测熔断器IF25两端对地电压	输入端、输出端对地电压均为+B V，正常；分别为+B、0V，说明熔断器内部断路；分别为+B、0~+B，说明熔断器内部虚接；均为0V，说明熔断器前端电路断路；均为0~+B V，说明熔断器前端供电电路虚接
4		检测组合仪表IP01/13端子对地电压	电压值为+B V，正常；电压值为0V，说明供电电路断路
5		测量组合仪表IP01/16端子对地电阻	电阻值小于或等于1Ω，正常；电阻值大于1Ω，搭铁线虚接；电阻值为∞，搭铁线断路

四、竣工检验

1）起动车辆，检查组合仪表是否正常显示。

2）整理、恢复作业场地。

【工作任务单】

仪表系统的检修		工作任务单	班级：	
			姓名：	
1. 车辆信息记录				
品牌		整车型号		生产年月	
驱动电机型号		动力蓄电池电量		行驶里程	
车辆识别代号					

（续）

2. 作业场地准备	
检查设置隔离栏	□是　□否
检查设置安全警示牌	□是　□否
检查灭火器压力、有效期	□是　□否
安装车辆挡块	□是　□否
3. 记录故障现象	

4. 使用故障诊断仪读取故障码、数据流	
故障码	
数据流	
5. 绘制相关电路图	

6. 故障检测

检测对象	检测条件	检测值	标准值	结果判断

7. 故障确认

故障点	故障类型	维修措施

（续）

(续)

8. 竣工检验	
组合仪表是否正常工作	□是　□否
9. 作业场地恢复	
拆卸车内三件套	□是　□否
拆卸翼子板布	□是　□否
将高压警示牌等放至原位置	□是　□否
清洁、整理场地	□是　□否

【课证融通考评单】

仪表系统的检修		实习日期：	
姓名：	班级：	学号：	教师签名：
自评：□熟练　□不熟练	互评：□熟练　□不熟练	师评：□合格　□不合格	
日期：	日期：	日期：	

仪表系统的检修【评分细则】

序号	评分项	得分条件	分值	评分要求	自评	互评	师评
1	安全/7S/态度	□1）能进行工位 7S 操作 □2）能进行设备和工具安全检查 □3）能进行车辆安全防护操作 □4）能进行工具清洁、校准、存放操作 □5）能进行三不落地操作	15	未完成 1 项扣 3 分，扣分不得超过 15 分	□熟练 □不熟练	□熟练 □不熟练	□合格 □不合格
2	专业技能能力	□1）能正确做数字绝缘测试仪开路检测并确认电阻无穷大 □2）能正确做数字绝缘测试仪短路检测并确认电阻小于1Ω □3）能确认数字绝缘测试仪上的"TEST"功能正常 □4）能正确地检查位置灯工作状态 □5）能正确地检测组合仪表线束接插器 IP16/20 端子的电压 □6）能正确地测量组合仪表线束插接器 IP16/20 端子与室内熔断器、继电器盒线束插接器 IP01/33 端子之间的电阻 □7）能正确地测量组合仪表线束插接器 IP16/16 端子与车身接地之间的电阻	50	未完成 1 项扣 5 分	□熟练 □不熟练	□熟练 □不熟练	□合格 □不合格
3	工具及设备的使用能力	□1）能正确地使用维修工具 □2）能正确地使用绝缘电阻仪 □3）能正确地使用万用表	10	未完成 1 项扣 3 分	□熟练 □不熟练	□熟练 □不熟练	□合格 □不合格
4	资料、信息查询能力	□1）能正确地查询电路图 □2）能正确地使用维修手册查询资料 □3）能正确地记录所需维修信息	10	未完成 1 项扣 3 分	□熟练 □不熟练	□熟练 □不熟练	□合格 □不合格

（续）

序号	评分项	得分条件	分值	评分要求	自评	互评	师评
5	数据判断和分析能力	☐1）能判断位置灯是否正常工作 ☐2）能判断电路是否正常 ☐3）能判断电路绝缘性是否正常	10	未完成1项扣3分	☐熟练 ☐不熟练	☐熟练 ☐不熟练	☐合格 ☐不合格
6	表单填写报告的撰写能力	☐1）字迹清晰 ☐2）语句通顺 ☐3）无错别字 ☐4）无涂改 ☐5）无抄袭	5	未完成1项扣1分，扣分不得超过5分	☐熟练 ☐不熟练	☐熟练 ☐不熟练	☐合格 ☐不合格
总分：							

任务二 报警系统的检修

现代新能源汽车一般装有微处理器控制单元，具有故障自诊断系统。可以用它对汽车内的传动系统、控制系统各部分工作状态进行自动检查和监测。当汽车出现故障时，装在仪表板上的故障指示灯就会闪亮，以警告驾驶人汽车可能出问题了。

【学习目标】

◎ 知识目标：

1）掌握新能源汽车报警系统的工作原理。

2）掌握新能源汽车报警系统的故障诊断流程与注意事项。

3）掌握新能源汽车仪表、仪表传感器及插接器、导线、控制器和仪表电路印制电路板的更换方法。

4）掌握新能源汽车电子仪表电路的控制器、传感器、传感装置、插头和导线的更换方法。

5）掌握新能源汽车警告灯、指示灯和驾驶人报警系统电路的控制器、灯泡、插座、插头、电子元器件和导线的更换方法。

◎ 技能目标：

1）具备正确使用汽车电气故障诊断常用工具的能力。

2）具备规范检查、测试、维修或更换仪表、仪表传感器及插接器、导线、控制器和仪表电路的印制电路板的能力。

3）具备规范检查、测试、维修或更换电子仪表电路的控制器、传感器、传感装置、插头和导线的能力。

4）具备规范检查、测试、维修或更换警告灯、指示灯和驾驶人信息系统电路的控制器、灯泡、插座、插头、电子元器件和导线的能力。

◎ 素养目标：

1）小组合作，合理分工，共同协作完成工作任务，培养学生的团队合作意识。

2）培养学生乐观自信、不懈进取的工作态度。

3）养成服从管理，规范作业的良好工作习惯。

【任务描述】

一辆吉利帝豪 EV450 的用户反映：后雾灯指示灯、后雾灯均不亮，其他灯光正常。经过维修技师检测，初步认为是电路故障或灯光组合开关自身部分故障，需要选择正确工具对故障进行检测并修复。

【获取信息】

一、新能源汽车报警系统

新能源汽车故障灯分为指示灯、警告灯、指示/警告灯三类，用颜色代表故障程度，红色代表"危险/重要提醒"、黄色代表"警告/故障"、绿色/蓝色/白色代表"指示/确认启用"。车起动后或行驶中，整车控制器 VCU 会定时对传感器发来的数据进行检查，如果发现异常，计算机就点亮仪表上相应的故障灯，通过该方式来提醒驾驶人及时进行维修处理，以免故障恶化。故障灯对于专业的维修技师来说，可以作为对故障进行初步判断的依据。

> **温馨提示：**
>
> 报警系统监测全车的运行工况，当某一系统出现异常时，报警系统会向驾驶人发出危险警告。
>
> 报警系统等同于人们所说的"危机意识"，从思想上重视危机的产生是十分必要的。同时，危机预警是危机管理的关键所在。

1. 蓄电池故障灯

存放时间过长、过量使用动力蓄电池、DC/DC 变换器故障不能给 12V 辅助蓄电池充电、DC/DC 变换器熔断器熔断、连接 DC/DC 变换器至 12V 辅助蓄电池端的线束出现问题等情况会导致蓄电池故障灯点亮，如图 3-12 所示。

图 3-12　蓄电池故障灯

图 3-13　系统故障灯

2. 系统故障灯

系统故障灯常亮或者闪烁时，整车不能上电，"READY"指示灯不亮，如图 3-13 所示。系统故障灯点亮的可能原因如下：

1）VCU 严重故障。

2）整车 CAN 通信存在短路/断路故障。

3）制动真空压力传感器异常。

4）高压系统（电池/电机/压缩机/VCU）互锁系统故障。

5）冷却风扇驱动故障。

6）逆变器驱动继电器故障。

7）加速踏板故障。

8）压缩机或 PTC 驱动故障。

9）电机转矩监控故障。

10）低压主继电器驱动故障。

3. 充电线连接指示灯

充电线连接时该指示灯点亮，如图 3-14 所示，充电枪线缆接触不好时，显示"请连接充电枪"。

4. 功率限制指示灯

整车处于限功率状态时功率限制指示灯点亮，如图 3-15 所示，主要原因为电机或电机控制器过热或电量不足。当此灯亮时，若是动力蓄电池电量即将耗尽，应就近寻找充电站充电。若此灯还亮，应联系吉利服务站。

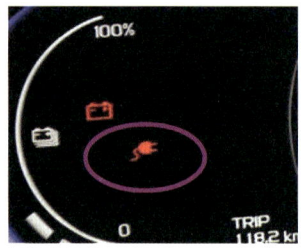

图 3-14 充电线连接指示灯

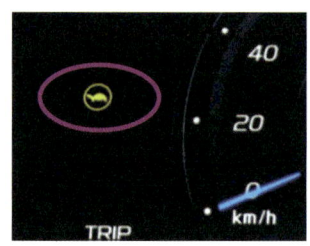

图 3-15 功率限制指示灯

5. 电机及电机控制器过热指示灯

如该灯点亮，应检查冷却液是否充足，水泵是否正常工作。

6. 动力蓄电池故障灯

动力蓄电池故障灯亮的主要原因有：BMS 有问题、采集板有问题、电池内部有问题。如该灯点亮，可停车断电直至指示灯灭后再行驾驶。若亮灯频繁，应联系吉利服务站。

吉利帝豪 EV450 还设有多个警告灯、指示灯，见表 3-7。

表 3-7 吉利帝豪 EV450 部分警告灯、指示灯

灯符号	指示灯名称	颜色	灯符号	指示灯名称	颜色
	后雾灯指示灯	黄色		胎压异常指示灯	黄色
	动力蓄电池故障灯	红色		电子稳定控制系统故障灯	黄色
	制动系统故障指示灯	红色		系统故障灯	红色
	驻车制动指示灯	红色		动力蓄电池充电指示灯	黄色

(续)

灯符号	指示灯名称	颜色	灯符号	指示灯名称	颜色
(ABS)	ABS 故障指示灯	黄色	READY	运行准备就绪指示灯（"READY"灯）	绿色
（安全带图标）	驾驶人安全带未系警告指示灯	红色	（充电插头图标）	充电线连接指示灯	红色

7. 声音报警

在 PEPS 报警、车门开报警、超速报警、安全带未系报警、倒车雷达报警、位置灯未关报警 6 种情况下，蜂鸣器将会鸣响，给驾驶人提示相应的警告信息。

当多个蜂鸣器报警功能同时发生时，高优先级的报警将优先被激活。低优先级报警进行中，如果有高优先级报警发生，低优先级报警在当前的一个声音循环完成后，高优先级报警会起动；高优先级报警进行中，如果有低优先级报警发生，低优先级报警在高优先级报警完成后才会起动。

优先级如下：PEPS 报警＞车门开报警＞倒车雷达报警＞超速报警＞安全带未系报警＞位置灯未关报警，见表 3-8。

表 3-8　声音报警优先级

功能	触发条件	报警频率	鸣响时间和间隔
PEPS 报警	1）收到电子转向柱锁解锁失败信号 2）收到电子转向柱锁锁止失败信号 3）收到智能钥匙不在车内信号 4）收到 IMMO 认证失败信号 PEPS 报警优先级与 PEPS 显示优先级一致	868.0Hz	蜂鸣器鸣响 10s 或直到报警状态解除
车门开报警	车辆向前行驶且车速大于 10km/h，至少一个门打开	578.7Hz	直到所有门都关闭后或车速降为 0 时蜂鸣器停止鸣响
超速报警	车速超过 120km/h 时	868.0Hz	蜂鸣器 1Hz 鸣响 10s，或车速低于 115km/h 时蜂鸣器停止鸣响
安全带未系报警	1）起动后，当车辆向前行驶速度达到 25km/h 时，若主驾驶安全带未系或副驾驶安全带未系，又或主、副驾驶安全带任意一个系上后被解开，蜂鸣器被激活，直到主副驾驶安全带都被系上或蜂鸣器长鸣 2）蜂鸣器处于未激活状态，车速由 25km/h 降至 0km/h 再重新提速至 25km/h，安全带未系报警被重新激活 3）蜂鸣器处于激活状态，当其中一个系上的安全带被打开并满足报警条件时，蜂鸣器再次被激活，蜂鸣器长鸣 4）车辆挂倒档再选择前进档，如果主驾驶安全带未系或副驾驶安全带未系，当车速大于 10km/h 时，蜂鸣器被激活，直到主、副驾驶安全带都被系上或车速降为 0km/h，蜂鸣器停止鸣响 对于作为出租车的车辆，不具备副驾驶安全带未系报警功能	651.0Hz	蜂鸣器长鸣

（续）

功能	触发条件	报警频率	鸣响时间和间隔
倒车雷达报警	1) 报警区域1：$D \leq 40cm$ 2) 报警区域2：$40cm < D \leq 100cm$ 3) 报警区域3：$100cm < D \leq 150cm$ 4) 报警区域4：$150cm < D$ 其中 D 为报警区域距离	578.7Hz	报警区域1：长鸣 报警区域2：4Hz 鸣响 报警区域3：2Hz 鸣响 报警区域4：不报警
位置灯未关报警	位置灯未关	578.7Hz	长鸣或位置灯关闭时蜂鸣器停止鸣响

8. 自检

起动开关从 ACC 档调整到"ON"档，组合仪表应进行自检，以提示驾驶人车辆的运行状况。仪表会对所有 LED 指示灯进行自检，自检时间大约3s。自检期间允许外部信号触发各指示灯。

二、后雾灯指示灯的工作原理

当灯光组合开关拨到雾灯档时，组合开关 IP38/5 端子接地信号通过 IP38/7 端子输出，BCM 通过 IP20a/10 端子接收到接地信号后，从 IP21a/11 端子输出电压信号给后雾灯，与此同时，通过 V-CAN 总线传送信号给组合仪表电控单元，触发后雾灯指示灯点亮。如图 3-16 和图 3-17 所示。

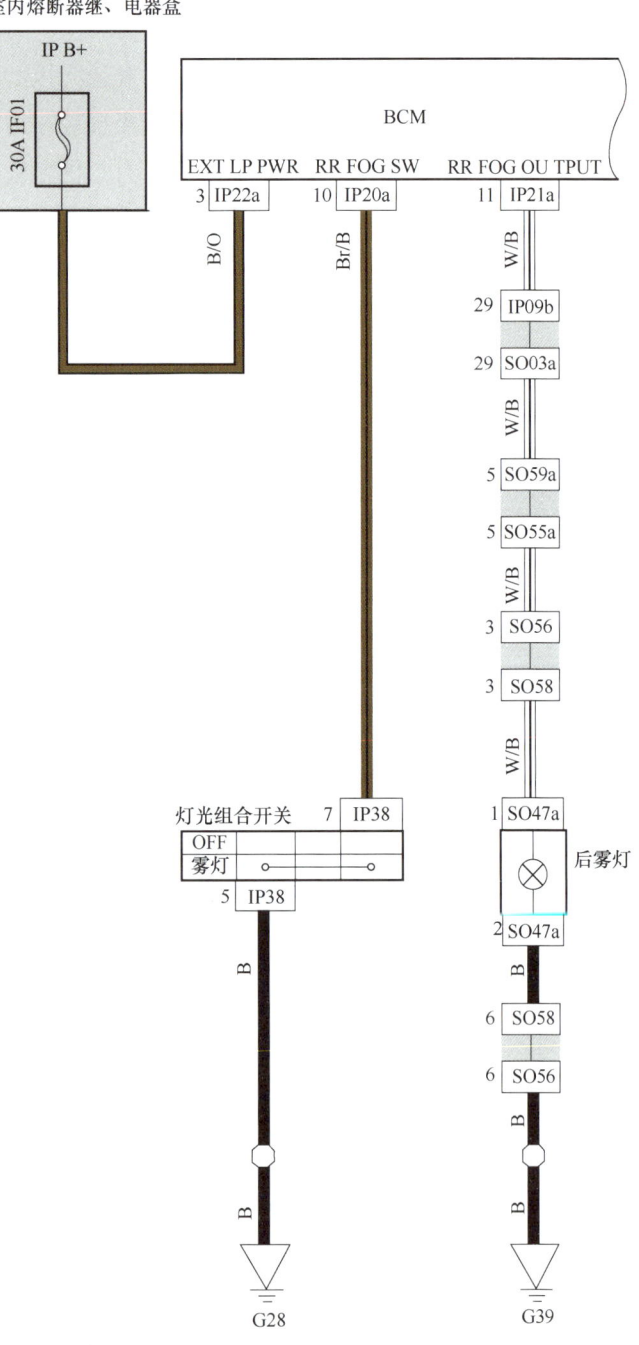

图 3-16　后雾灯电路图

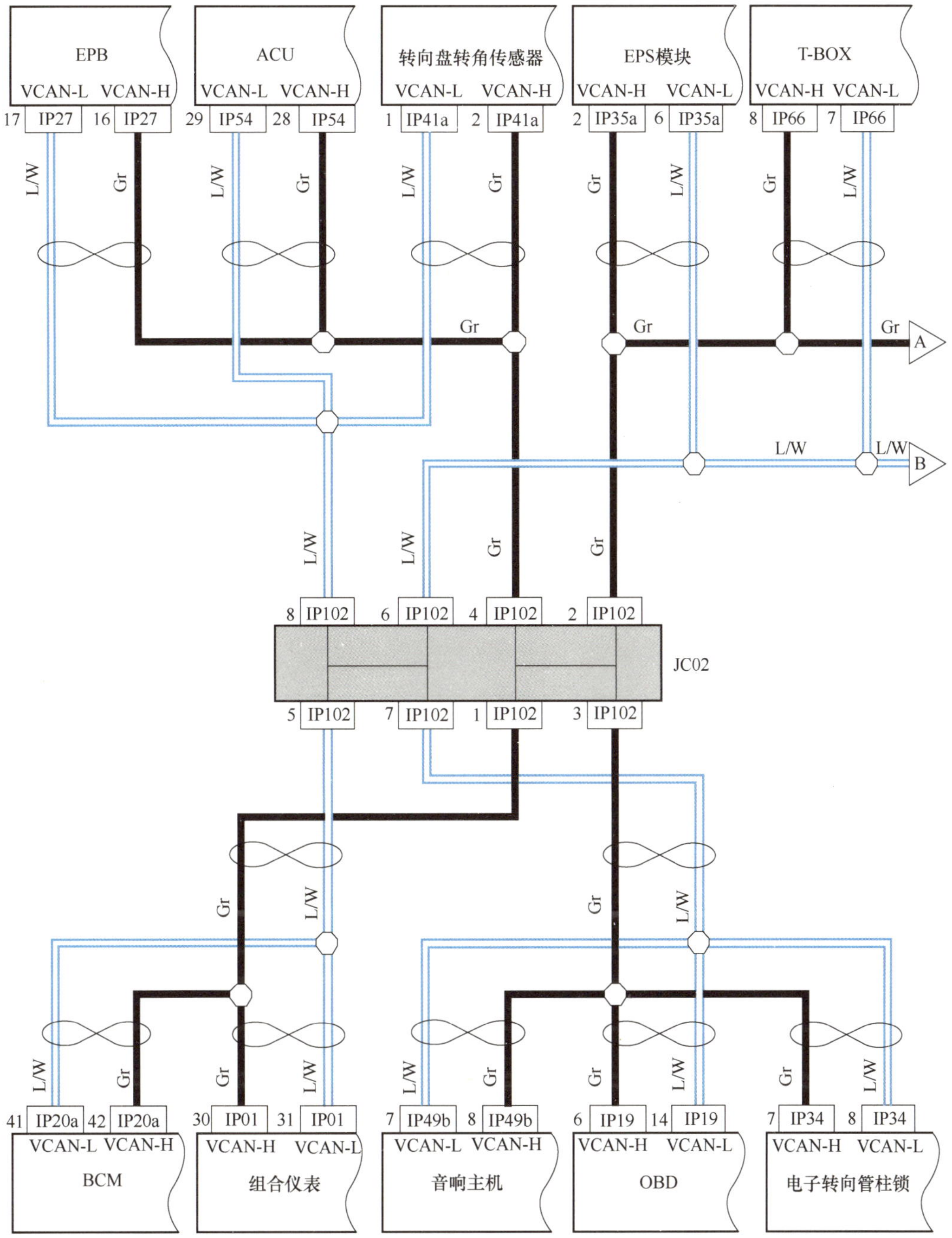

图 3-17 V-CAN 总线通信系统

三、诊断流程

| 步骤1 | 一般检查，检查组合仪表、灯光组合开关线束接头是否有破损、接触不良、老化、松脱等迹象。 |

| 步骤2 | 检测蓄电池正极对灯光组合开关IP38/5端子的电压，判断是否正常。 |

用万用表测量蓄电池正极对灯光组合开关 IP38/5 端子的电压值（见表 3-9 和图 3-18）。

表 3-9　蓄电池正极对灯光组合开关 IP38/5 端子电压值数据分析表

蓄电池正极对灯光组合开关 IP38/5 端子电压值 /V	分析结果
+B	正常
0	灯光组合开关 IP38/5 端子至搭铁点 28 电路断路
0~+B	灯光组合开关 IP38/5 端子至搭铁点 28 电路虚接（但拔插头虚接测不出来）

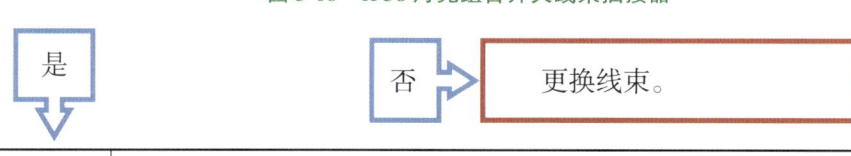

图 3-18　IP38 灯光组合开关线束插接器

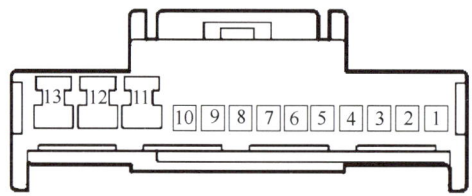

步骤 3	检测灯光组合开关 IP38/7 端子与 BCM IP20a/10 端子之间的电路，判断是否正常。

关闭起动开关，用万用表测量灯光组合开关 IP38/7 端子与 BCM IP20a/10 端子之间的电阻值（见表 3-10 和图 3-19）。

表 3-10　IP38/7 端子与 IP20a/10 端子电阻值分析表

IP38/7 端子与 IP20a/10 端子电阻值 /Ω	分析结果
≤1	正常
>1	IP38/7 端子与 IP20a/10 端子电路虚接
∞	IP38/7 端子与 IP20a/10 端子电路断路

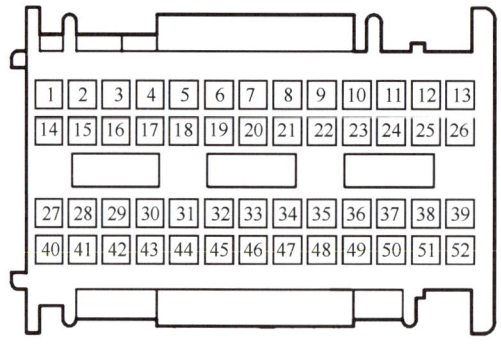

图 3-19　IP20a 插接器端子

步骤 4	检修灯光组合开关，判断是否正常。

1）关闭起动开关，灯光组合开关拨到"OFF"档时，用万用表测量 IP38/5 端子与 IP38/7 端子间的电阻值（电阻值分析表见表 3-11）。

表 3-11 灯光组合开关拨到"OFF"档，IP38/5 端子与 IP38/7 端子间电阻值分析表

IP38/5 端子与 IP38/7 端子间的电阻值 /Ω	分析结果
≤ 1	灯光组合开关内部短路
>1	灯光组合开关内部虚接
∞	正常

2）灯光组合开关拨到雾灯档，用万用表测量 IP38/5 端子与 IP38/7 端子间的电阻值（电阻值分析表见表 3-12）。

表 3-12 灯光组合开关拨到雾灯档，IP38/5 端子与 IP38/7 端子间电阻值分析表

IP38/5 端子与 IP38/7 端子间的电阻值 /Ω	分析结果
≤ 1	正常
>1	灯光组合开关内部虚接
∞	灯光组合开关内部断路

步骤 5	系统正常。

【学习任务单】

报警系统的检修	学习任务单	班级： 姓名：

1）吉利帝豪 EV450 车速超过_____时触发超速报警。

2）只有起动开关处于_____档，调节按钮才能使用。

3）起动开关从_____档调整到_____档，组合仪表应进行自检。

4）填写下表中指示灯的名称及颜色。

灯符号	指示灯	颜色
⌐⊃≢		
⊞		
(!)		

(续)

灯符号	指示灯	颜色
READY		

【任务实施】 报警系统的检修

◎ 实训器材：

　　警示标志、警示隔离带、绝缘手套、橡胶手套、绝缘垫、绝缘帽、绝缘鞋、护目镜、绝缘工具、万用表、绝缘测试仪、吉利帝豪EV450。

◎ 作业准备：

　　检查车辆运行状况，检查万用表、绝缘测试仪是否工作正常，检查绝缘帽、护目镜、绝缘鞋、绝缘垫有无损坏。

◎ 操作步骤：

扫一扫

系统故障灯常亮故障诊断

一、确认故障现象

起动车辆，灯光组合开关调至后雾灯档，后雾灯指示灯不亮。

二、利用故障诊断仪诊断故障

连接故障诊断仪，按下一键起动开关，打开故障诊断仪进入BCM模块，读取故障码和数据流。车辆下电后，清除故障码，车辆再次上电后，使用故障诊断仪再次读取故障码并和之前的故障码进行对比，分析故障码的性质。

三、故障检测

序号	操作示意图	操作方法	操作标准
1		检查组合仪表线束插头	无破损、接触不良、老化、松脱等迹象

（续）

序号	操作示意图	操作方法	操作标准
2		打开起动开关，灯光组合开关拨到雾灯档，测量 BCM IP20a/10 端子对地电压（此项测量需要带载测试）	电压值为 +B→0 V，正常；电压值为 +BV，说明 IP20a/10 端子下游电路断路；电压值为 +B→0~+B V，说明信号电路虚接
3		打开起动开关，灯光组合开关拨到雾灯档，测量灯光组合开关 IP38/7 端子对地电压（此项测量需要带载测试）	电压值为 +B→0 V，正常；电压值为 +BV，说明灯光组合开关 IP38/7 端子下游电路断路；电压值为 +B→0~+B V，说明灯光组合开关 IP38/7 端子下游电路虚接
4		打开起动开关，灯光组合开关拨到雾灯档，测量灯光组合开关 IP38/5 端子对地电压（此项测量需要带载测试）。关闭起动开关，拔下 IP38 插头，测量 IP38/5 端子对地电阻	电压值为 +B→0V，正常；电压值为 +BV，说明搭铁电路断路；电压值为 +B→0~+B，说明搭铁电路虚接 电阻值小于或等于 1Ω，正常；电阻值大于 1Ω，搭铁线虚接；电阻值为 ∞，搭铁线断路
5		关闭起动开关，切断蓄电池负极，灯光组合开关拨至"OFF"档及雾灯档时，分别测量灯光组合开关 IP38/5 端子至 IP38/7 端子之间的电阻	"OFF"档时，电阻为 ∞；雾灯档时，电阻小于或等于 1Ω

四、竣工检验

1) 起动车辆，验证后雾灯指示灯与后雾灯是否正常工作。
2) 整理、恢复作业场地。

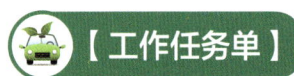【工作任务单】

报警系统的检修		工作任务单	班级：	
			姓名：	

1. 车辆信息记录

品牌		整车型号		生产年月	
驱动电机型号		动力蓄电池电量		行驶里程	
车辆识别代号					

2. 作业场地准备

检查设置隔离栏	□是 □否
检查设置安全警示牌	□是 □否
检查灭火器压力、有效期	□是 □否
安装车辆挡块	□是 □否

3. 记录故障现象

4. 使用故障诊断仪读取故障码、数据流

故障码	
数据流	

5. 绘制相关电路图

（续）

6. 故障检测

检测对象	检测条件	检测值	标准值	结果判断

7. 故障确认

故障点	故障类型	维修措施

8. 竣工检验

后雾灯指示灯是否正常工作	□是 □否

9. 作业场地恢复

拆卸车内三件套	□是 □否
拆卸翼子板布	□是 □否
将高压警示牌等放至原位置	□是 □否
清洁、整理场地	□是 □否

【课证融通考评单】

报警系统的检修		实习日期：	
姓名：	班级：	学号：	教师签名：
自评：□熟练 □不熟练	互评：□熟练 □不熟练	师评：□合格 □不合格	
日期：	日期：	日期：	

报警系统的检修【评分细则】

序号	评分项	得分条件	分值	评分要求	自评	互评	师评
1	安全/7S/态度	□1）能进行工位 7S 操作 □2）能进行设备和工具安全检查 □3）能进行车辆安全防护操作 □4）能进行工具清洁、校准、存放操作 □5）能进行三不落地操作	15	未完成 1 项扣 3 分，扣分不得超过 15 分	□熟练 □不熟练	□熟练 □不熟练	□合格 □不合格

(续)

序号	评分项	得分条件	分值	评分要求	自评	互评	师评
2	专业技能能力	□1）能正确做数字绝缘测试仪开路检测并确认电阻无穷大 □2）能正确做数字绝缘测试仪短路检测并确认电阻小于1Ω □3）能确认数字绝缘测试仪上的"TEST"功能正常 □4）能正确检测绝缘垫绝缘性且佩戴绝缘手套与护目镜 □5）能正确地检修电路通断	50	未完成1项扣5分	□熟练 □不熟练	□熟练 □不熟练	□合格 □不合格
3	工具及设备的使用能力	□1）能正确地使用维修工具 □2）能正确地使用故障诊断仪 □3）能正确地使用万用表	10	未完成1项扣3分	□熟练 □不熟练	□熟练 □不熟练	□合格 □不合格
4	资料、信息查询能力	□1）能正确地查询电路图 □2）能正确地使用维修手册查询资料 □3）能正确记录所需维修信息	10	未完成1项扣3分	□熟练 □不熟练	□熟练 □不熟练	□合格 □不合格
5	数据判断和分析能力	□1）能判断室内熔断器、继电器盒线束插接器SO15/E端子与组合仪表线束插接器IP16/2端子线束是否正常 □2）能判断室内熔断器、继电器盒线束插接器SO15/E端子与组合仪表线束插接器IP16/2端子之间线束是否正常	10	未完成1项扣3分	□熟练 □不熟练	□熟练 □不熟练	□合格 □不合格
6	表单填写报告的撰写能力	□1）字迹清晰 □2）语句通顺 □3）无错别字 □4）无涂改 □5）无抄袭	5	未完成1项扣1分，扣分不得超过5分	□熟练 □不熟练	□熟练 □不熟练	□合格 □不合格

总分：

项目测评

一、填空题

1）组合仪表与各系统之间采用_____总线通信。

2）行车计算机多功能显示屏可以_____车辆上故障信息。

3）CAN-H对CAN-L的电阻值一般为_____。

4）汽车仪表电子化具有一"表"多用的功能，用一组显示器进行分时显示，并可同时显示_____，使组合仪表得以简化。

5）吉利帝豪EV450的车速超过_____km/h时超速报警触发。

6）PEPS报警、车门开报警、倒车雷达报警、超速报警、安全带未系报警、位置灯未关报警优先级顺序为：_____>_____>_____>_____>_____>_____。

二、判断题

1）仪表睡眠，但IGN起动仪表唤醒显示LOGO后，进入功能主界面，背光点亮。

（　　）

2）仪表睡眠，但位置灯点亮，仪表被唤醒，可显示 LED 报警灯，但 LCD 不点亮。
（   ）
3）当多个蜂鸣器报警功能同时发生时，高优先级的报警将优先被激活。（   ）
4）当多个蜂鸣器报警功能同时发生时，低优先级的报警将优先被激活。（   ）

三、简述题

灯符号	指示灯名称	颜色
![车打滑OFF]		
READY		
EPS		
ECO / ECO+ / SPORT		

项目四

新能源汽车辅助电气系统的检修

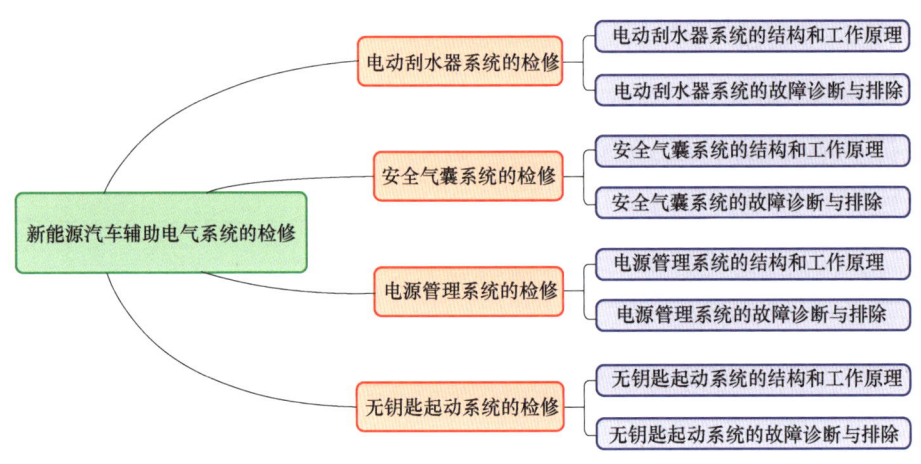

任务一　电动刮水器系统的检修

【学习目标】

◎ 知识目标：

1）掌握电动刮水器系统的结构和工作原理。

2）制订电动刮水器系统的故障检修流程。

◎ 技能目标：

1）具备正确使用电动刮水器系统的能力。

2）具备查阅电路图册，拆画电动刮水器系统电路图的能力。

3）具备依据维修手册，对电动刮水器系统进行故障诊断与排除的能力。

◎ 素养目标：

1）通过小组合作完成新能源汽车电动刮水器系统日常养护，培养学生树立日常养护

项目四　新能源汽车辅助电气系统的检修

的安全意识。

2）通过课后开展新能源汽车日常养护、清洗服务，提升学生的社会服务能力。

3）通过清洁、养护新能源汽车培养学生吃苦耐劳、勇于探索的工作精神。

【任务描述】

一辆吉利帝豪EV450，行驶10万km，打开电动刮水器开关，电动刮水器系统不工作，根据故障现象，分析可能是控制开关或刮水器电动机有故障，请根据电动刮水器系统的工作原理和控制电路对故障进行诊断排除。

【获取信息】

电动刮水器系统包括刮水器、洗涤器和除霜装置等。

一、刮水器

1. 刮水器的作用

为了保证汽车在雨天或雪天时驾驶人有良好的视线，确保其行驶安全，在汽车的风窗玻璃上装有刮水器，电动刮水器系统的动力源是直流电动机，通过传动机构，可以使刮水器片在风窗玻璃的外表面上往复摆动，以扫除风窗玻璃上的雨水、积雪或灰尘。

2. 刮水器的组成

刮水器主要由刮水器片、刮水器臂、刮水器电动机、传动机构和刮水器开关等组成。

（1）刮水器片　刮水器片采用橡胶材料制成，具备耐热、耐寒、耐酸碱、耐腐蚀、能贴合风窗玻璃、减轻电动机负担、低噪声、拨水性强、质软不刮伤风窗玻璃等特点，如图4-1所示。

（2）刮水器臂　刮水器臂是刮水器传动机构和刮水器片间的连接件，它支撑刮水器片并使刮水器片贴在玻璃上，如图4-2所示。刮水器臂的固定部分大多为锌或铝铸件，要将刮水器臂拧到刮水器支撑轴的圆锥体上，刮水器臂的另一端为弓形套钩（弓钩），常为钢带制成，用以携带刮水器片。

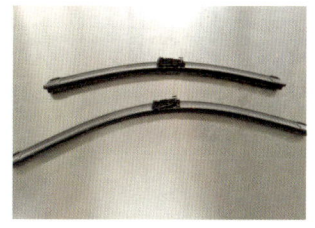
图4-1　刮水器片

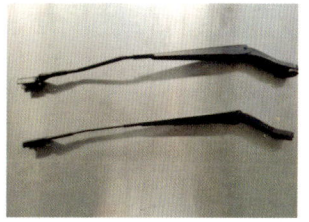
图4-2　刮水器臂

（3）刮水器电动机　刮水器电动机按磁场结构不同可分为绕线式和永磁式两种，绕线式刮水器电动机的磁极绕有励磁绕组，通电流时产生磁场，而永磁式刮水器电动机的磁极用永久磁铁制成，具有体积小、质量小、结构简单等特点，故在汽车上得到了广泛的使用，如图4-3所示。它主要由外壳、永久磁铁、电枢、电刷及复位器（铜环、触点臂）、还

77

有蜗轮蜗杆组成的减速器和输出轴组成。当刮水器电动机通电时，电枢转动，经蜗轮蜗杆和输出轴后，把动力传给传动机构。

（4）传动机构　传动机构由串联或并联的四角铰接连杆构成，在刮水器角度大或传动困难的情况下也采用十字杆传动、中间连接传动或可控的中间连接传动，如图4-4所示。

（5）刮水器开关　刮水器开关是控制刮水器的操作装置，大多数安装在转向盘右下方的转向柱上，用右手操作。将开关手柄向下拉或向上推，可选择不同的档位，向内拉手柄则可喷出玻璃清洗液，如图4-5所示。

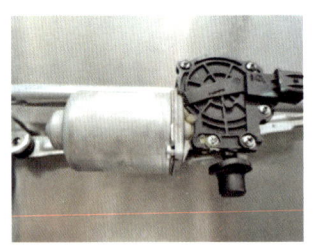
图4-3　刮水器电动机

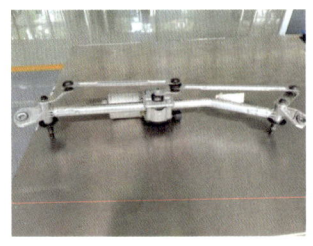
图4-4　传动机构

图4-5　刮水器开关

3. 刮水器的工作原理

刮水器的工作原理如图4-6所示，刮水器是由刮水器开关提供信号给BCM，BCM接收到刮水器开关的信号后，驱动刮水器电动机转动。当刮水器开关处于低速档时，电流从电动机低速电刷流入电枢绕组，产生大的反电动势，电动机以低速旋转；当刮水器开关处于高速档时，电流从电动机的高速电刷流入电枢绕组，产生小的反电动势，电动机以高速旋转。当起动刮水器洗涤器开关，此时洗涤泵处于工作状态；连续操作该开关1s后，刮水器电动机也开始起动并低速转动。当关闭刮水器洗涤器开关后，刮水器电动机在电枢的惯性作用下不会立即停止并且会继续转一会，同时电枢产生反电动势，对刮水器电动机产生电力制动。

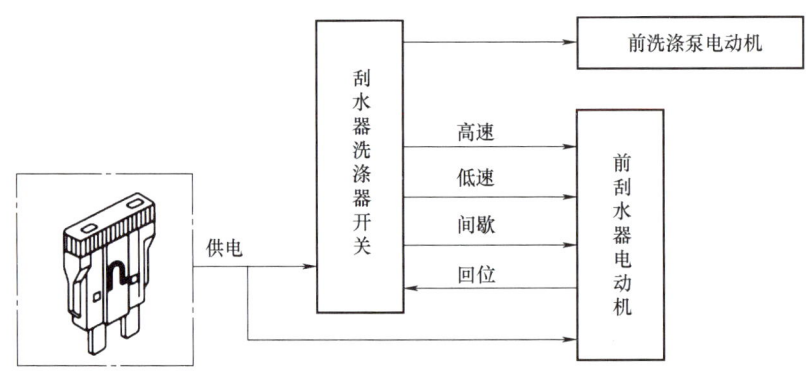
图4-6　刮水器的工作原理

二、洗涤器

1. 洗涤器的作用

汽车在风沙或尘土较多的环境中行驶时，会由于灰尘落在风窗玻璃上而影响驾驶人的视线。因此，很多汽车的电动刮水器系统中安装了清洗装置，必要时向风窗玻璃喷水或专用清洗液（北方地区冬季不宜用水，以免冻裂储液罐或输液管），在刮水器的配合下，保持风窗玻璃的洁净。

2. 洗涤器的工作原理

洗涤器的结构如图 4-7 所示，主要由储液罐、洗涤泵、输液管、三通、喷嘴及清洗开关等组成。

储液罐一般由塑料制成，内装清洗液或水。有些储液罐上装有液面位置传感器，用以监视储液罐中清洗液的多少。洗涤泵即喷水电动机，实际上是由一个小型直

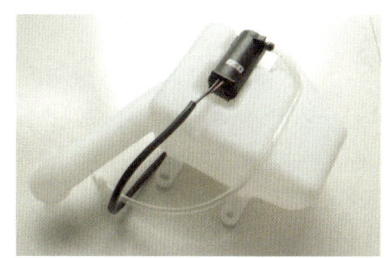

图 4-7 洗涤器

流电动机和一个小型离心式水泵共同构成的。它工作时可以将清洗液加压至 70~88kPa，通过输液管及三通送到喷嘴，然后喷洒到风窗玻璃表面。喷嘴安装在风窗玻璃下面（前机舱盖上后方），其喷射方向可以调整，使清洗液喷到合适位置。洗涤泵连续工作时间一般不超过 5s，无清洗液时不要开动洗涤泵。

操作洗涤器开关后，刮水器就能接通并延迟一段时间工作。切断洗涤器开关后，刮水器还会工作一段时间，直到风窗玻璃上没有湿气。电动刮水器系统延迟接通时间约为 1s，持续工作时间为 3~5s。

三、电动刮水器系统控制电路分析

电动刮水器系统档位主要分为"OFF"档、低速档、高速档、间歇档、点动档、洗涤档，本书以吉利帝豪 EV450 为例，该轿车电动刮水器系统电路如图 4-8 所示。

1. "OFF"档

BCM 的 IP20a/16 端子和 IP20a/21 端子均为高电平信号，此时电动刮水器系统不工作。

2. 低速档

BCM 的 IP20a/16 端子接收到低电平信号，控制低速刮水器继电器 ER15 电磁线圈搭铁，其电流路径为：B+→EF28→ER15（3 和 5）→ER14（5 和 4）→直流电动机→搭铁→辅助蓄电池负极。

3. 高速档

BCM 的 IP20a/13 端子接收到低电平信号，控制低速刮水器继电器 ER15 和高速刮水器继电器 ER14 电磁线圈搭铁，其电流路径为：B+→EF28→ER15（3 和 5）→ER14（3 和 5）→直流电动机→搭铁→辅助蓄电池负极。

4. 间歇档

BCM 的 IP20a/16 端子和 IP20a/21 端子均为低电平信号，BCM 内部模块控制低速刮水器继电器 ER15 电磁线圈间歇性搭铁，其电流路径为：B+→EF28→ER15（3 和 5）→ER14（5 和 4）→直流电动机→搭铁→辅助蓄电池负极，刮水器摆动频率通过调节刮水器开关 IP42/12 端子和 IP42/13 端子之间的阻值实现。

5. 点动档

BCM 的 IP20a/16 端子接收到低电平信号，控制低速刮水器继电器 ER15 电磁线圈搭铁，手离开刮水器开关时，开关自动回到"OFF"档，其电流路径为：B+→EF28→ER15（3 和 5）→ER14（5 和 4）→直流电动机→搭铁→辅助蓄电池负极。刮水器进行一个刮水

温馨提示：

刮水器主要由刮水器片、刮水器臂、刮水器电动机、传动机构、洗涤泵、刮水器开关等组成，系统组成和工作过程较为复杂，众多零件在BCM的控制下能够运行有序，和谐稳定地实现电动刮水器系统低速、高速、间歇、点动、洗涤、复位工作。由此可见，对于一个系统来说，融洽和谐是多么的重要。

循环，然后转回停止位置。如果此时刮水器片处在影响驾驶人视线的位置上，自动复位装置常闭触点打开，常开触点闭合，电动机内继续有电流通过，直到刮水器回到初始位置。

6. 洗涤档

BCM的IP20a/37端子接收到低电平信号，控制IP22a/4端子输出高电平，洗涤泵工作，同时控制低速刮水器继电器ER15电磁线圈搭铁，其电流路径为：

B+ → EF28 → ER15（3和5）→ ER14（5和4）→直流电动机→搭铁→辅助蓄电池负极。

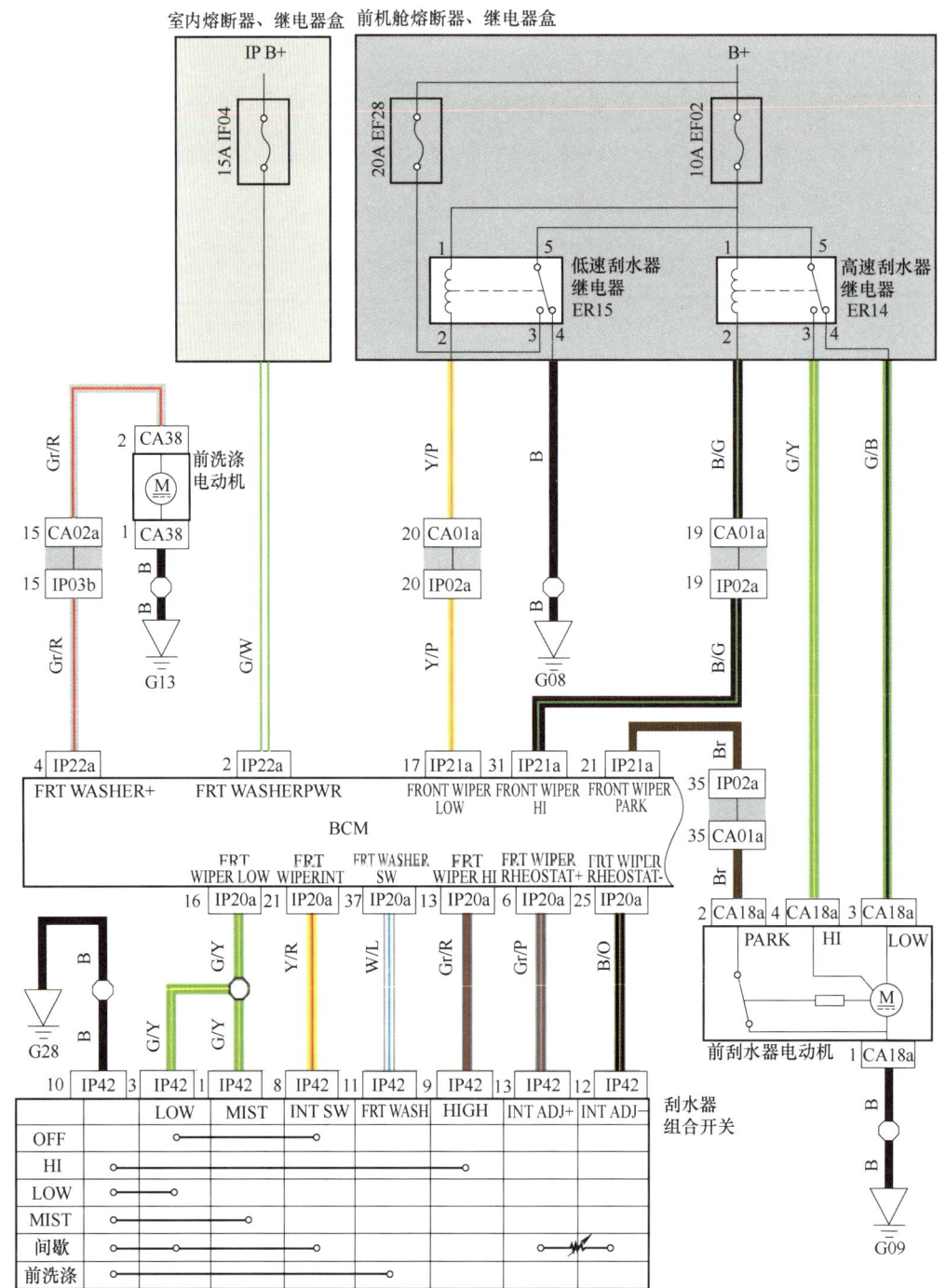

图 4-8 电动刮水器系统电路图

项目四 新能源汽车辅助电气系统的检修

【学习任务单】

电动刮水器系统的检修	学习任务单	班级： 姓名：

1）电动刮水器系统包括_____、_____和_____等。

2）刮水器主要由_____、_____、_____、_____和_____等组成。

3）刮水器电动机按磁场结构不同可分为_____和_____两种。

4）操纵刮水器开关至"LOW"档，刮水器开关把电压信号给_____。

5）指出刮水器开关各档位的功能：

"OFF"档：_____ 低速档：_____

高速档：_____ 间歇档：_____

【任务实施】 电动刮水器系统的检修

◎ 实训器材：

吉利帝豪EV450、故障诊断仪、常用工具和维修手册等。

◎ 作业准备：

检查举升机，车辆在工位停放周正，铺好车内和车外护套。

◎ 操作步骤：

一、确认故障现象

打开起动开关，操纵刮水器开关在不同档位间切换，观察电动刮水器系统的工作状况。

二、利用故障诊断仪诊断故障

连接故障诊断仪，按下一键起动开关，打开故障诊断仪进入BCM模块，读取故障码和数据流。车辆下电后，清除故障码，车辆再次上电后，使用故障诊断仪再次读取故障码并和之前的故障码进行对比，分析故障码的性质。

扫一扫

刮水器总成的更换

扫一扫

刮水器不工作故障诊断

温馨提示：

新能源汽车诊断仪器可以进一步确认或缩小故障范围，但仍然存在系统故障码保护等可能性，工作中应参考企业实际情况，进行二次验证操作，确保诊断的准确性。

三、故障检测

序号	操作示意图	操作方法	操作标准
1		测量辅助蓄电池电压，万用表红黑表笔分别接辅助蓄电池正负接线柱	正常情况下应为11~14V

81

（续）

序号	操作示意图	操作方法	操作标准
2		使用万用表检查电动刮水器系统供电熔断器 IF04、EF28 和 EF02，分别测量输出端对地电压、熔断器电阻和输出端对地电阻	输出端对地电压标准值：11~14V 熔断器电阻标准值：小于 1Ω 输出端对地电阻标准值：∞
3		检查 BCM 线束插接器 IP22a 的供电、接地端子，操作起动开关使电源至"OFF"状态，断开辅助蓄电池负极，拔掉线束插接器 IP22a	供电电压标准值：11~14V 接地电路标准电阻：小于 1Ω
4		检查刮水器开关与 BCM 之间的线束，断掉辅助蓄电池负极，拔掉 IP42 插头，检查 IP20a 与 IP42 之间的线束	线束标准电阻：小于 1Ω

（续）

序号	操作示意图	操作方法	操作标准
5		用万用表检查刮水器继电器 ER14 和 ER15	线圈标准阻值：80~120Ω 开关标准阻值：小于1Ω（通电）；∞（断电）

竞赛小知识：

在新能源汽车故障诊断与排除竞赛中，当发现熔断器熔断后，不能直接更换熔断器，需要进一步测量熔断器下游电路与车身地之间的电阻，确认电路是否存在短路现象，造成熔断器熔断。

四、竣工检验

1）按照相反顺序安装电动刮水器系统线束插接器。

2）打开起动开关，验证刮水器功能。

3）整理、恢复作业场地。

【工作任务单】

电动刮水器系统的检修		工作任务单	班级：	
			姓名：	
1. 车辆信息记录				
品牌		整车型号		生产年月	
驱动电机型号		动力蓄电池电量		行驶里程	
车辆识别代号					
2. 作业场地准备				
检查设置隔离栏				□是　□否
检查设置安全警示牌				□是　□否
检查灭火器压力、有效期				□是　□否
安装车辆挡块				□是　□否

（续）

3. 记录故障现象

4. 使用故障诊断仪读取故障码、数据流

故障码	
数据流	

5. 拆画电动刮水器系统电路图

6. 故障检测

检测对象	检测条件	检测值	标准值	结果判断

7. 故障确认

故障点	故障类型	维修措施

8. 竣工检验

车辆是否正常上电	□是 □否
刮水器是否正常切换档位	□是 □否

9. 作业场地恢复

拆卸车内三件套	□是 □否
拆卸翼子板布	□是 □否
将高压警示牌等放至原位置	□是 □否
清洁、整理场地	□是 □否

【课证融通考评单】

电动刮水器系统的检修				实习日期：			
姓名：		班级：		学号：		教师签名：	
自评：□熟练 □不熟练		互评：□熟练 □不熟练		师评：□合格 □不合格			
日期：		日期：		日期：			

电动刮水器系统的检修【评分细则】

序号	评分项	得分条件	分值	评分要求	自评	互评	师评
1	安全/7S/态度	□1）能进行工位7S操作 □2）能进行设备和工具安全检查 □3）能进行车辆安全防护操作 □4）能进行工具清洁、校准、存放操作 □5）能进行三不落地操作	15	未完成1项扣3分，扣分不得超过15分	□熟练 □不熟练	□熟练 □不熟练	□合格 □不合格
2	专业技能能力	□1）能正确地确认故障现象 □2）能规范地拆卸刮水器线束插接器 □3）能正确地测量辅助蓄电池电压 □4）能正确地检测刮水器线束插接器端子电压 □5）能正确地检测刮水器线束插接器端子电阻 □6）能确认电动刮水器系统故障部位 □7）能规范地修复电动刮水器系统故障部位 □8）能规范地验证刮水器功能	50	未完成1项扣6分	□熟练 □不熟练	□熟练 □不熟练	□合格 □不合格
3	工具及设备的使用能力	□1）能正确地使用故障诊断仪 □2）能正确地使用万用表 □3）能正确地使用内饰拆卸板	10	未完成1项扣3分	□熟练 □不熟练	□熟练 □不熟练	□合格 □不合格
4	资料、信息查询能力	□1）能正确地查询线束插接器端子含义 □2）能正确地使用维修手册查询资料 □3）能正确地记录所需维修信息	10	未完成1项扣3分	□熟练 □不熟练	□熟练 □不熟练	□合格 □不合格
5	数据判断和分析能力	□1）能判断辅助蓄电池电压是否正常 □2）能判断刮水器供电是否正常 □3）能判断刮水器搭铁是否正常 □4）能判断信号数据通信是否正常	10	未完成1项扣3分，扣分不得超过10分	□熟练 □不熟练	□熟练 □不熟练	□合格 □不合格
6	表单填写报告的撰写能力	□1）字迹清晰 □2）语句通顺 □3）无错别字 □4）无涂改 □5）无抄袭	5	未完成1项扣1分，扣分不得超过5分	□熟练 □不熟练	□熟练 □不熟练	□合格 □不合格
总分：							

任务二　安全气囊系统的检修

◎ 知识目标：
1）掌握安全气囊系统的结构和工作原理。
2）制订安全气囊系统故障检修流程。

◎ 技能目标：
1）具备正确分析安全气囊系统电路图的能力。
2）具备查阅电路图册，拆画安全气囊系统电路图的能力。
3）具备依据维修手册，对安全气囊系统进行故障诊断与排除的能力。

◎ 素养目标：
1）培养学生快速检索资料的能力。
2）树立安全第一的意识。
3）养成服从管理，规范作业的良好工作习惯。

【任务描述】

一辆吉利帝豪 EV450，行驶 10 万 km，打开起动开关，安全气囊警告灯常亮，根据故障现象，分析可能是安全气囊系统模块或相关电路有故障，请根据安全气囊系统工作原理和控制电路对故障进行诊断排除。

【获取信息】

安全气囊系统又称辅助乘员保护系统（SRS），是一种当汽车遭到碰撞而急剧减速时能很快膨胀的缓冲垫，可以保护车内乘员不致撞到车厢内部，是汽车上一种常见的被动安全装置。汽车安全气囊给乘车人带来安全，还具有不受约束、使用方便和美观的特点。

想一想：

汽车上主动安全和被动安全功能都有哪些？

一、安全气囊系统的功用

当汽车发生碰撞时，汽车与汽车或汽车与障碍物之间的碰撞称为一次碰撞。一次碰撞后，汽车速度将急剧变化，驾驶人和乘员就会因惯性的作用而向前运动，并与车内的转向盘、风窗玻璃或仪表台等构件发生碰撞，这种碰撞称为二次碰撞。在车辆事故中，导致驾驶人和乘员遭受伤害的主要原因是二次碰撞。

安全气囊系统的功用是：当汽车遭受碰撞导致速度急剧变化时，

安全气囊在驾驶人或乘员与车内构件之间迅速膨胀，利用安全气囊排气节流的阻尼作用来吸收人体的动能，减轻二次碰撞对人体的伤害，如图4-9所示。

> **温馨提示：**
>
> 安全气囊为了保护驾驶人或乘员的安全，在汽车发生碰撞时会快速展开，"舍生取义"，降低乘员受到的伤害。
>
> 在中华传统文化中，"义"是一个内容丰富的道德标准，管仲倡导"礼义廉耻，国之四维"，儒家倡导"仁义礼智信"。义是处理人际关系的重要依据，也是个人道德修身的价值取向，更是具有现实操作性的伦理道德范畴。

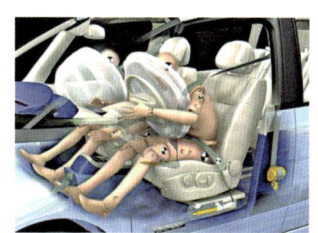

图 4-9 安全气囊

二、安全气囊系统的结构

各类车型安全气囊系统采用控制部件的结构、数量和安装位置各有不同，但其基本组成大致相同，如图4-10所示。安全气囊系统主要包括碰撞传感器、安全气囊系统电控单元、安全气囊组件和安全气囊指示灯。吉利帝豪EV450碰撞传感器共4个，分别是左前正面碰撞传感器、右前正面碰撞传感器、左前侧面碰撞传感器、右前侧面碰撞传感器。

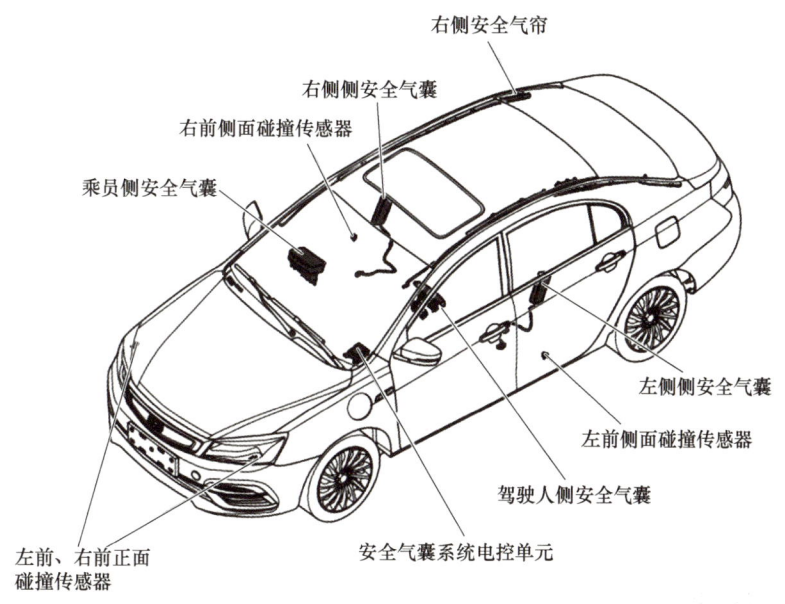

图 4-10 安全气囊系统的结构

三、安全气囊系统的工作原理

安全气囊系统的工作原理如图4-11所示。当车辆发生碰撞时，安全气囊系统电控单元会接收碰撞传感器发送的信号，用以判断碰撞的严重程度。当信号值大于存储器中的设定值，安全气囊系统电控单元发出点火指令，从而展开安全气囊系统相应的充气模块。当遇到冲击力足够大的正面碰撞，正面安全气囊和安全带预紧器就会展开；当遇到冲击力足够大的侧面碰撞，左、右侧侧安全气囊、安全气帘及安全带预紧器就会展开，以降低乘客与转向盘和仪表台的冲击力。

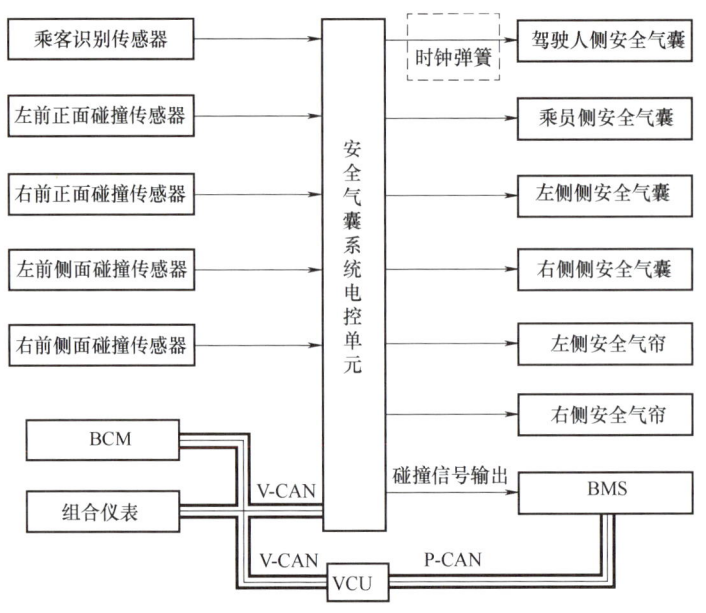

图 4-11　安全气囊系统的工作原理

安全气囊系统电控单元（ACU）确认碰撞信号后，会在 20ms 内向总线发送"碰撞解锁"和"断电"信号，信号以 20ms 为一个周期，共发送 3s。BCM 和 BMS 连续收到 3 个以上信号，就会执行车门解锁和高压断电功能。

安全气囊系统电控单元是一个微处理器，它是安全气囊的控制中心。当安全气囊展开时，安全气囊系统电控单元会记录安全气囊系统的状态，并启动组合仪表上的安全气囊指示灯。汽车起动后，安全气囊系统电控单元会对安全气囊系统的电气部件和电路进行连续诊断监测，如果安全气囊系统电控单元检测到故障，就会存储一个故障码，并点亮安全气囊警告灯，通知驾驶人有故障存在。

想一想：

新闻多次报道汽车发生碰撞后，安全气囊没有打开，造成车毁人亡的惨重后果。那么安全气囊系统是不是在有些碰撞情况下不起作用呢？

_____
_____
_____
_____

【学习任务单】

安全气囊系统的检修	学习任务单	班级： 姓名：

1）安全气囊系统主要包括_____、_____、_____和_____。

2）安全气囊系统电控单元确认碰撞信号会向_____和_____发送解锁和断电指令。

3）安全气囊系统电控单元发生故障时，会通过_____发送给组合仪表，点亮安全气囊指示灯。

4）写出下图中数字所指设备的名称

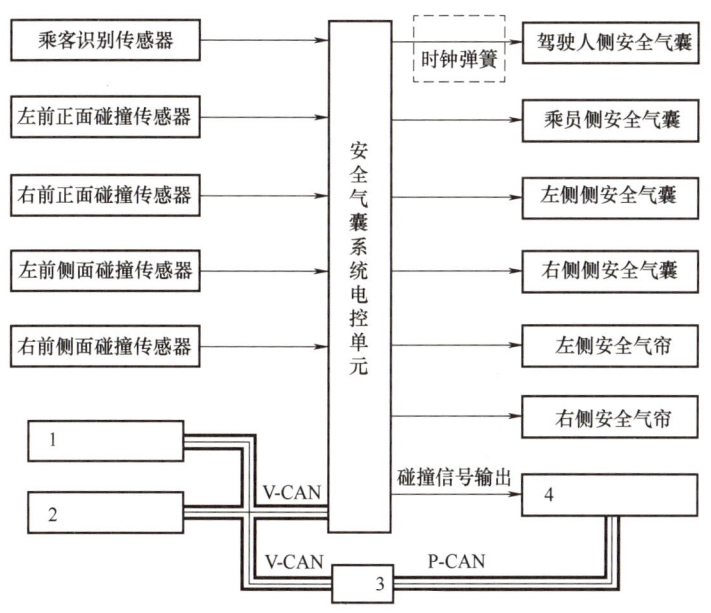

1. _____ 2. _____ 3. _____ 4. _____

【任务实施】 安全气囊系统的检修

◎ **实训器材：**

吉利帝豪 EV450、故障诊断仪、常用工具和维修手册等。

◎ **作业准备：**

检查举升机，车辆在工位停放周正，铺好车内和车外护套。

◎ **操作步骤：**

一、确认故障现象

起动车辆，仪表安全气囊警告灯常亮。

二、利用故障诊断仪诊断故障

连接故障诊断仪，按下一键起动开关，打开故障诊断仪进入 SRS 模块，读取故障码和数据流。车辆下电后，清除故障码，车辆再次上电后，使用故障诊断仪再次读取故障码并和之前的故障码进行对比，分析故障码的性质。

扫一扫

安全气囊总成的更换

扫一扫

安全气囊故障灯常亮故障诊断

温馨提示：

新能源汽车诊断仪器可以进一步确认或缩小故障范围，但仍然存在系统故障码保护等可能性，工作中应参考企业实际情况，进行二次验证操作，确保诊断的准确性。

三、故障检测

序号	操作示意图	操作方法	操作标准
1		测量辅助蓄电池电压，万用表红黑表笔分别接辅助蓄电池正负接线柱	正常情况下应为 11~14V
2		使用内饰拆卸板拆卸变速杆机构装饰面板总成	参照维修手册标准进行拆卸
3		断开EPB驻车制动开关线束插接器，取下变速杆机构面板装饰总成	
4		拆卸并取下副仪表面板总成	参照维修手册标准进行拆卸
5		断开安全气囊系统电控单元线束插接器	
6		检查安全气囊系统电控单元供电熔断器，分别测量输出端对地电压、熔断器电阻和输出端对地电阻	输出端对地电压标准值：11~14V 熔断器电阻标准值：小于1Ω 输出端对地电阻标准值：∞

项目四　新能源汽车辅助电气系统的检修

（续）

序号	操作示意图	操作方法	操作标准
7		检查安全气囊系统线束插接器 IP54 的供电、接地端子，操作起动开关使电源处于"OFF"状态，断开辅助蓄电池负极，拔掉线束插接器 IP54	供电电压标准值：11~14V 接地电路标准电阻：小于 1Ω
8		检查安全气囊系统电控单元与 VCU 的通信电路，从 VCU 上断开线束插接器 CA66，使用万用表测试 IP54 与 CA66 之间数据通信电路的电阻	通信电路标准电阻：小于 1Ω

四、竣工检验

1）按照相反顺序安装安全气囊系统线束插接器。

2）打开起动开关，确认故障是否恢复。

3）整理、恢复作业场地。

【工作任务单】

| 安全气囊系统的检修 | | 工作任务单 | 班级： | |
| | | | 姓名： | |

1. 车辆信息记录

品牌		整车型号		生产年月	
驱动电机型号		动力蓄电池电量		行驶里程	
车辆识别代号					

（续）

2. 作业场地准备		
检查设置隔离栏	□是	□否
检查设置安全警示牌	□是	□否
检查灭火器压力、有效期	□是	□否
安装车辆挡块	□是	□否
3. 记录故障现象		

4. 使用故障诊断仪读取故障码、数据流	
故障码	
数据流	
5. 拆画安全气囊系统电路图	

6. 故障检测				
检测对象	检测条件	检测值	标准值	结果判断

7. 故障确认		
故障点	故障类型	维修措施

8. 竣工检验		
车辆是否正常上电	□是	□否
安全气囊警告灯是否熄灭	□是	□否

(续)

9. 作业场地恢复	
拆卸车内三件套	□是 □否
拆卸翼子板布	□是 □否
将高压警示牌等放至原位置	□是 □否
清洁、整理场地	□是 □否

【课证融通考评单】

安全气囊系统的检修		实习日期：	
姓名：	班级：	学号：	教师签名：
自评：□熟练 □不熟练	互评：□熟练 □不熟练	师评：□合格 □不合格	
日期：	日期：	日期：	

安全气囊系统的检修【评分细则】

序号	评分项	得分条件	分值	评分要求	自评	互评	师评
1	安全/7S/态度	□1）能进行工位7S操作 □2）能进行设备和工具安全检查 □3）能进行车辆安全防护操作 □4）能进行工具清洁、校准、存放操作 □5）能进行三不落地操作	15	未完成1项扣3分，扣分不得超过15分	□熟练 □不熟练	□熟练 □不熟练	□合格 □不合格
2	专业技能能力	□1）能正确地确认故障现象 □2）能规范地拆卸安全气囊线束插接器 □3）能正确地测量辅助蓄电池电压 □4）能正确地测量安全气囊线束插接器端子电压 □5）能正确地测量安全气囊线束插接器端子电阻 □6）能确认安全气囊系统故障部位 □7）能规范地修复安全气囊系统故障部位 □8）能规范地验证安全气囊功能	50	未完成1项扣6分	□熟练 □不熟练	□熟练 □不熟练	□合格 □不合格
3	工具及设备的使用能力	□1）能正确地使用故障诊断仪 □2）能正确地使用万用表 □3）能正确地使用内饰拆卸板	10	未完成1项扣3分	□熟练 □不熟练	□熟练 □不熟练	□合格 □不合格
4	资料、信息查询能力	□1）能正确地查询线束插接器端子含义 □2）能正确地使用维修手册查询资料 □3）能正确地记录所需维修信息	10	未完成1项扣3分	□熟练 □不熟练	□熟练 □不熟练	□合格 □不合格
5	数据判断和分析能力	□1）能判断辅助蓄电池电压是否正常 □2）能判断安全气囊供电是否正常 □3）能判断安全气囊搭铁是否正常 □4）能判断信号数据通信是否正常	10	未完成1项扣3分，扣分不得超过10分	□熟练 □不熟练	□熟练 □不熟练	□合格 □不合格

(续)

序号	评分项	得分条件	分值	评分要求	自评	互评	师评
6	表单填写报告的撰写能力	□1）字迹清晰 □2）语句通顺 □3）无错别字 □4）无涂改 □5）无抄袭	5	未完成1项扣1分，扣分不得超过5分	□熟练 □不熟练	□熟练 □不熟练	□合格 □不合格
总分：							

任务三　电源管理系统的检修

◎ **知识目标：**

1）掌握电源管理系统的结构和工作原理。

2）制订电源管理系统故障检修流程。

◎ **技能目标：**

1）具备正确分析电源管理系统电路图的能力。

2）具备查阅电路图册，拆画电源管理系统电路图的能力。

3）具备依据维修手册，对电源管理系统进行故障诊断与排除的能力。

◎ **素养目标：**

1）提升学生的抗压能力、心理抗挫能力。

2）培养学生善于发现问题，提升分析问题的逻辑能力，最终能够妥善解决问题。

3）培养学生爱岗敬业、诚实守信的职业素养。

一辆吉利帝豪EV450，行驶5万km，打开起动开关，电源系统故障指示灯常亮，根据故障现象，分析可能是DC/DC模块及相关电路有故障，请根据电源管理系统工作原理和控制电路对故障进行诊断排除。

温馨提示：

管理的5大基本职能为计划、组织、指挥、协调和控制。现代汽车维修企业应有科学的管理理念，合法经营是基本原则，诚实守信是不能失守的底线。汽车生产厂家、4S店实行的车辆召回政策、优质服务、纯正配件、合理价格等都是诚信的体现。

对一个企业和团体来说，诚实守信是一种"形象"，一种"品牌"，一种"信誉"，也是一个使企业兴旺发达的基础。在从事汽车维修工作中，要把"诚实守信"融入职业道德的具体要求中，使其成为工作的"立足点"，提高职业素养。

【获取信息】

纯电动汽车相对于传统汽车而言，电气化程度更高。由于纯电动汽车用驱动电机代替了发动机，故纯电动汽车用

DC/DC 变换器代替了传统汽车中的交流发电机，由辅助蓄电池和 DC/DC 变换器共同为汽车用电器提供电能。

纯电动汽车低压 12V 直流供电系统包括辅助蓄电池、DC/DC 变换器以及电气设备等，如图 4-12 所示。动力蓄电池系统输出的高压直流电通过 DC/DC 变换器转换为低压直流电，一部分电能被电气设备使用，另一部分储存在辅助蓄电池中。

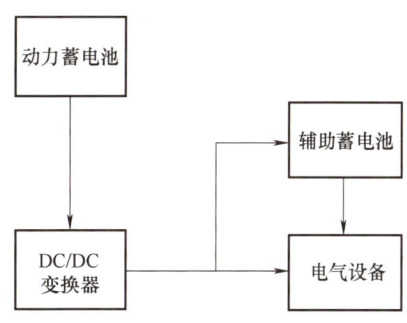

图 4-12 纯电动汽车电源系统

一、辅助蓄电池

1. 辅助蓄电池的作用

辅助蓄电池是一种将化学能转化为电能的装置，也可以将电能转换为化学能。放电时，将储存的化学能转化为电能；充电时，将电能转换为化学能储存起来，直到化学能储存满时充电结束。辅助蓄电池作用如下：

1）车辆上高压电时，由辅助蓄电池控制。
2）DC/DC 变换器未唤醒前，由辅助蓄电池向用电设备供电。
3）将 DC/DC 变换器输出的电能转换为化学能储存起来。

2. 辅助蓄电池的结构

辅助蓄电池由多个单格电池组成，每个单格电池由正/负极板、隔板、电解液和壳体等组成，如图 4-13 所示。其中正极板活性物质为深棕色的二氧化铅，负极板活性物质为青灰色的海绵状铅，电解液为稀硫酸，辅助蓄电池壳体一般分为 6 格，每格均填充电解液，正负极板浸入电解液中成为单格电池。每个单格电池的标准电压为 2.06V，6 个单格电池串联在一起成为 12V 辅助蓄电池。

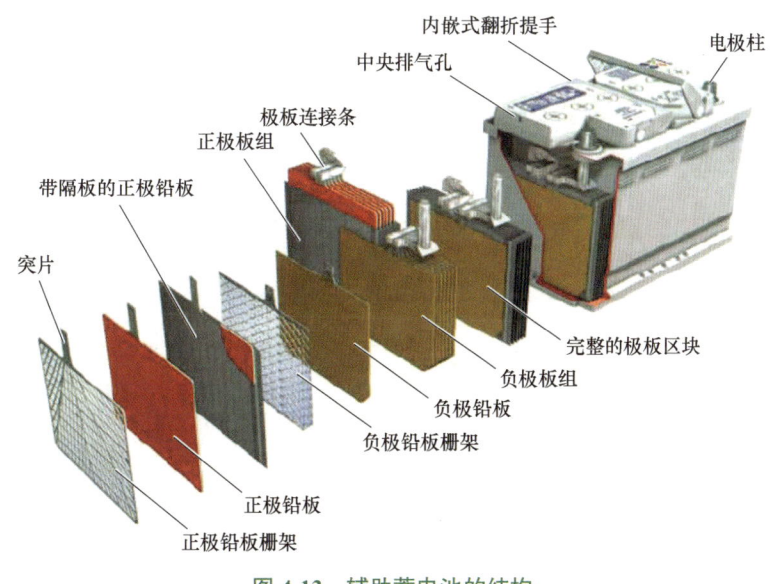

图 4-13 辅助蓄电池的结构

3. 辅助蓄电池的工作原理

当蓄电池接通外电路负载放电时，正极板上的 PbO_2 和负极板上的 Pb 都变成了 $PbSO_4$，电解液中的硫酸减少，水增多，密度减小。充电时，正负极板上的 $PbSO_4$，分别恢复成原来的 PbO_2 和 Pb，电解液中的水减少，硫酸增多，密度增大，如图 4-14 所示。

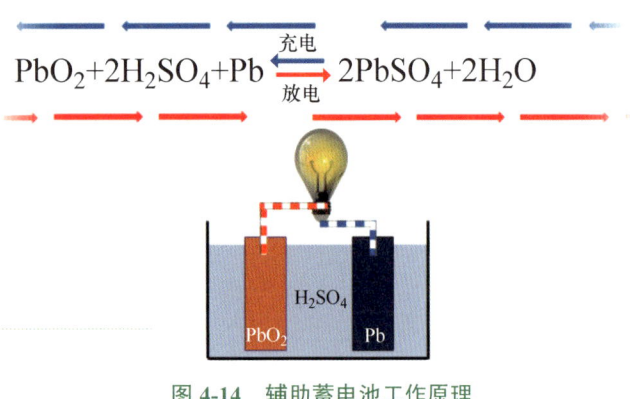

图 4-14 辅助蓄电池工作原理

辅助蓄电池在充放电过程中的化学反应是可逆的。在接通用电设备时，辅助蓄电池作为电源向外供电，将内部的化学能转变为电能。当存电不足而又将辅助蓄电池与其他具有适当电压的直流电源并联时，又能向辅助蓄电池充电。在正常使用条件下，国产辅助蓄电池的充放电循环寿命为 250~500 次。

二、DC/DC 变换器

1. DC/DC 变换器的作用

纯电动汽车的 DC/DC 变换器的主要功能是给车灯、电气控制设备、小型电器等车辆附属设备供给电力和给辅助蓄电池充电，其作用与传统汽车的交流发电机相似。传统汽车依靠发动机带动交流发电机，给附属用电设备供电。由于纯电动汽车无发动机，因此纯电动汽车无法使用交流发电机提供电源，必须靠动力蓄电池向附属用电设备及电源供电，因此 DC/DC 变换器成为必备设备。

2. DC/DC 变换器的电路工作原理

（1）高压上电 高压上电工作原理如图 4-15 所示。踩制动踏板，打开起动开关，BCM 和 VCU 等接收到起动开关打开的信号后，自检无异常，BCM 控制 ACC、IG1、IG2 继电器闭合，整车低压上电。待高压上电完成后，VCU 通过 P-CAN 总线发送 DC/DC 变换器起动信号，DC/DC 变换器接收到此信号后，起动 DC/DC 变换器，将 DC 346V 电转换为 DC 12V 电输出至用电设备及辅助蓄电池。如果起动开关打开后高压上电失败，DC/DC 变换器将无法转换，即辅助蓄电池无法补充电能。

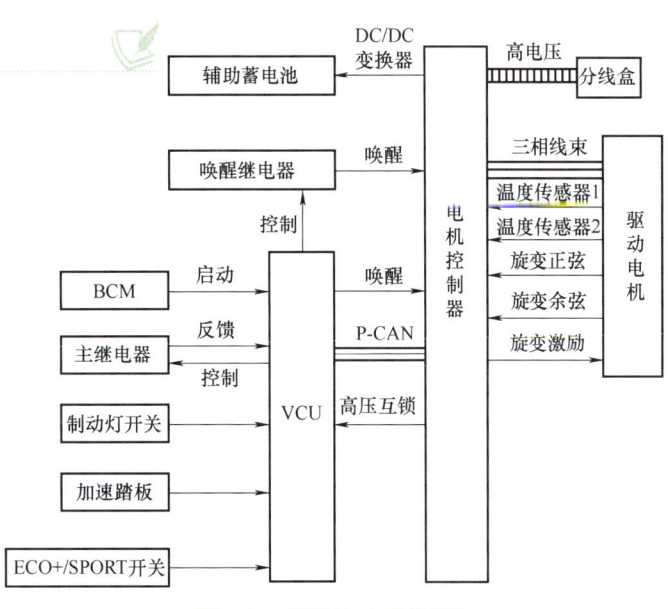

图 4-15 高压上电工作原理

（2）慢充起动 连接充电枪，车载充电机检测充电连接正常后，将充电系统起动，即充电模式起动信号通过 P-CAN 发送至 VCU、DC/DC 变换器、MCU、BMS 等，同时 VCU 向 DC/DC 变换器发出使能信号，驱动电机进入禁行模式。VCU、MCU、BMS 等接收到充电模式起动信号后，如果自检无异常，BMS 控制高压上电，高压上电完成后，车辆开始充电。此时 VCU 通过 P-CAN 总线发送 DC/DC 变换器起动信号，DC/DC 变换器、MCU 接收到此信号后，起动 DC/DC 变换器，将 DC 346V 的电压转换为 DC 12V 的电压输出至用电设备及辅助蓄电池。

【学习任务单】

电源管理系统的检修	学习任务单	班级： 姓名：

1）汽车用电器是由_____和_____提供电能。

2）辅助蓄电池是一种将_____转化为_____的装置。

3）每个单格电池由正、负极板，_____，_____和_____组成。

4）高压上电完成后，VCU 通过_____发送 DC/DC 变换器起动信号。

5）写出图中数字所指模块的名称

1. _____
2. _____
3. _____
4. _____

【任务实施】 电源管理系统的检修

◎ 实训器材：

吉利帝豪 EV450、故障诊断仪、常用工具和维修手册等。

◎ 作业准备：

检查举升机，车辆在工位停放周正，铺好车内和车外护套。

◎ 操作步骤：

一、确认故障现象

起动车辆后，电源系统故障指示灯常亮，"READY" 指示灯正常点亮。

扫一扫

辅助蓄电池的更换

二、利用故障诊断仪诊断故障

连接故障诊断仪，按下一键起动开关，打开故障诊断仪进入 PEU 模块，读取故障码和数据流。车辆下电后，清除故障码，车辆再次上电后，使用故障诊断仪再次读取故障码并和之前的故障码进行对比，分析故障码的性质。

扫一扫
辅助蓄电池
指示灯常亮
故障诊断

三、故障检测

序号	操作示意图	操作方法	操作标准
1		测量辅助蓄电池电压，万用表红黑表笔分别接辅助蓄电池正负接线柱	正常情况下应为 11~14V
2		检查电机控制器供电熔断器 IF18、EF32，分别测量输出端对地电压、熔断器电阻、输出端对地电阻	输出端对地电压标准值：11~14V 熔断器电阻标准值：小于 1Ω 输出端对地电阻标准值：∞
3		检查电机控制器低压电源、接地电阻。起动开关置于"OFF"状态，断开辅助蓄电池负极，拔掉线束插接器 BV11	供电电压标准值：11~14V 接地电路标准电阻：小于 1Ω

（续）

序号	操作示意图	操作方法	操作标准
4		检查DC/DC变换器与蓄电池之间的电路，起动开关置于"OFF"状态，断开辅助蓄电池负极，拔掉线束插接器BV12、BV34，使用万用表检测BV12和辅助蓄电池正极电缆之间的电阻、BV34和辅助蓄电池负极接线柱之间的电阻	电路标准电阻：小于1Ω

四、竣工检验

1）按照相反顺序安装电机控制器、DC/DC变换器线束插接器。

2）打开起动开关，确认故障是否恢复。

3）整理、恢复作业场地。

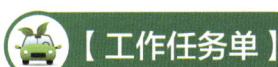【工作任务单】

电源管理系统的检修	工作任务单	班级： 姓名：	
1. 车辆信息记录			
品牌		整车型号		生产年月	
驱动电机型号		动力蓄电池电量		行驶里程	
车辆识别代号					
2. 作业场地准备					
检查设置隔离栏				□是 □否	
检查设置安全警示牌				□是 □否	
检查灭火器压力、有效期				□是 □否	
安装车辆挡块				□是 □否	
3. 记录故障现象					

（续）

4. 使用故障诊断仪读取故障码、数据流	
故障码	
数据流	
5. 拆画电机控制器系统电路图	

6. 故障检测				
检测对象	检测条件	检测值	标准值	结果判断

7. 故障确认		
故障点	故障类型	维修措施

8. 竣工检验	
车辆是否正常上电	□是 □否
电源系统故障指示灯是否熄灭	□是 □否

9. 作业场地恢复	
拆卸车内三件套	□是 □否
拆卸翼子板布	□是 □否
将高压警示牌等放至原位置	□是 □否
清洁、整理场地	□是 □否

【课证融通考评单】

电源管理系统的检修			实习日期：		
姓名：	班级：		学号：		教师签名：
自评：□熟练 □不熟练	互评：□熟练 □不熟练		师评：□合格 □不合格		
日期：	日期：		日期：		
电源管理系统的检修【评分细则】					
序号	评分项	得分条件	分值	评分要求	自评	互评	师评

序号	评分项	得分条件	分值	评分要求	自评	互评	师评
1	安全/7S/态度	□1）能进行工位7S操作 □2）能进行设备和工具安全检查 □3）能进行车辆安全防护操作 □4）能进行工具清洁、校准、存放操作 □5）能进行三不落地操作	15	未完成1项扣3分，扣分不得超过15分	□熟练 □不熟练	□熟练 □不熟练	□合格 □不合格
2	专业技能能力	□1）能正确地确认故障现象 □2）能规范地拆卸DC/DC变换器线束插接器 □3）能正确地测量辅助蓄电池电压 □4）能正确地检测电机控制器线束插接器端子电压 □5）能正确地检测电机控制器线束插接器端子电阻 □6）能确认电机控制器故障部位 □7）能规范地修复电机控制器故障部位 □8）能规范地验证DC/DC变换器的功能	50	未完成1项扣6分	□熟练 □不熟练	□熟练 □不熟练	□合格 □不合格
3	工具及设备的使用能力	□1）能正确地使用故障诊断仪 □2）能正确地使用万用表	10	未完成1项扣3分	□熟练 □不熟练	□熟练 □不熟练	□合格 □不合格
4	资料、信息查询能力	□1）能正确地查询线束插接器端子含义 □2）能正确地使用维修手册查询资料 □3）能正确地记录所需维修信息	10	未完成1项扣3分	□熟练 □不熟练	□熟练 □不熟练	□合格 □不合格
5	数据判断和分析能力	□1）能判断辅助蓄电池电压是否正常 □2）能判断电机控制器供电是否正常 □3）能判断电机控制器搭铁是否正常 □4）能判断信号数据通信是否正常	10	未完成1项扣3分，扣分不得超过10分	□熟练 □不熟练	□熟练 □不熟练	□合格 □不合格
6	表单填写报告的撰写能力	□1）字迹清晰 □2）语句通顺 □3）无错别字 □4）无涂改 □5）无抄袭	5	未完成1项扣1分，扣分不得超过5分	□熟练 □不熟练	□熟练 □不熟练	□合格 □不合格
总分：							

任务四　无钥匙起动系统的检修

【学习目标】

◎ **知识目标：**

1）掌握无钥匙起动系统的结构和工作原理。
2）制订无钥匙起动系统故障检修流程。

◎ **技能目标：**

1）具备正确分析无钥匙起动系统电路图的能力。
2）具备查阅电路图册，拆画无钥匙起动系统电路图的能力。
3）具备依据维修手册，对无钥匙起动系统进行故障诊断与排除的能力。

◎ **素养目标：**

1）培养学生自主探索新知的学习能力。
2）培养"家国情怀"，让自身的努力与奋斗更有动力。
3）培养学生学以致用、融会贯通的能力。

【任务描述】

一辆吉利帝豪 EV450，行驶 1 万 km，踩下制动踏板后再按起动开关，车辆无反应，仪表不亮，根据故障现象，分析可能是无钥匙起动系统相关电路有故障，请根据无钥匙起动系统工作原理和控制电路对故障进行诊断排除。

【获取信息】

一、无钥匙起动系统的结构

无钥匙起动系统（Keyless Start System），即起动车辆时不用掏、拧钥匙，把钥匙放在包内或口袋里，通过感应，按下车内按键或拧动导板即可高压上电。

无钥匙起动系统包括一键起动开关、天线、遥控钥匙和 PEPS 控制模块，设计的核心技术有 RFID 识别技术、加密算法和 EMC 技术。

1. 一键起动开关

一键起动开关为一个机械式按钮，负责发送车辆低压电源上电和起动信号。吉利帝豪 EV450 不踩制动踏板时，依次按下起动开关，电源切换模式变化为："OFF"→"ACC"→"ON"→"OFF"。在 P/N 位时，踩下制动踏板，按下起动开关，整车高压上电。"ACC"或"ON"电源模式下，指示灯为橙色，此时踩下制动踏板，指示灯变为绿色，如图 4-16 所示。

2. 天线

天线通过发射低频信号唤醒智能钥匙，因为低频信号传输距离短，所以车上有多个天线。吉利帝豪 EV450 的天线分布在前车门把手与车厢前部、中部和后部上，如图 4-17 所示。

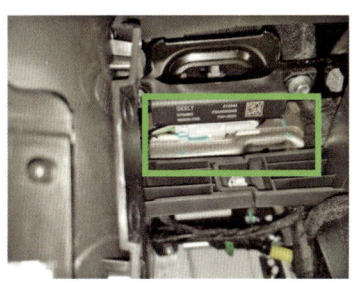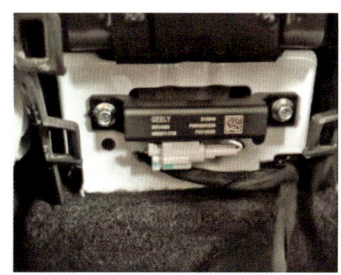

图 4-16　一键起动开关　　　　　　　　　　图 4-17　天线

3. 智能钥匙

智能钥匙接收天线发出的低频信号，反馈包含车辆信息的高频信号给高频接收器。当智能钥匙电池电量不足或无钥匙起动功能出现故障时，可以进行应急起动，将智能钥匙放到中控台上的置杯架内，踩下制动踏板，按下起动开关，车辆即可起动。

4. PEPS 控制模块

PEPS 控制模块内部装有高频接收器，用以接收高频信号，认证其合法性，同时向电子转向柱锁发送解锁请求信号，解除车辆安全防盗设置，控制低压继电器吸合，实现车辆低压上电。吉利帝豪 EV450 控制模块集成在 BCM 模块中。

想一想：

无钥匙起动的工作原理是什么？

二、无钥匙起动系统的工作原理

吉利帝豪 EV450 具有无钥匙起动功能，当驾驶人踩下制动踏板，按下一键起动开关，BCM 接收到一键起动开关信号，激活天线发出低频信号寻找智能钥匙。智能钥匙接收到低频信号被唤醒同时小灯闪烁，发送包含有车辆信息的高频信号至 BCM。BCM 通过内置高频接收器接收高频信号并判断合法性，车辆验证智能钥匙合法性后，会通过 CAN 总线发送电子转向柱解锁信号，同时控制 IG1、IG2 继电器吸合，完成低压上电过程，如图 4-18 所示。

车辆低压上电后，车辆各模块被唤醒进行自检，同时与 VCU 进行互检，检验正常后，VCU 发送高压上电许可信号至 BMS，BMS 控制继电器吸合，完成高压上电，同时仪表点亮"READY"指示灯。

温馨提示：

智能化技术越来越多地在汽车上得到应用，无钥匙起动系统便是其中一项。随着科技的进步，汽车智能化已成为整个社会关注的"热点"。虽然智能化汽车技术正蓬勃发展，但也应该清醒地看到，自主品牌汽车企业在科技创新方面还有待提高。当前国内汽车企业在核心零部件技术、电器架构、供应体系等领域仍有依赖国际大型零部件集团的问题。若要改变这种局面，一是坚持创新发展，二是加强深度融合，三是共同破解"卡脖子"技术难题。

因此，作为汽车专业技术人才，应刻苦学习，不断突破自我，提升自身素养，博学睿智、进取创新，为自己的专业发展和汽车技术的未来赋能。

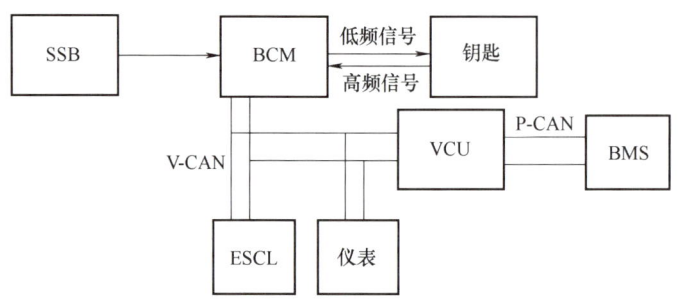

图 4-18　无钥匙起动系统的工作原理

【学习任务单】

无钥匙起动系统的检修	学习任务单	班级：
		姓名：

1）无钥匙起动系统包括_____、_____、_____和_____。

2）天线通过发射_____唤醒智能钥匙。

3）智能钥匙反馈包含车辆信息的_____给高频接收器。

4）车辆验证智能钥匙合法性后，会通过_____发送电子转向柱解锁信号，同时控制_____、_____继电器吸合，完成低压上电过程。

5）写出下图中数字所指模块的名称。

1._____　　　2._____　　　3._____

【任务实施】无钥匙起动系统的检修

◎ 实训器材：

吉利帝豪 EV450、故障诊断仪、常用工具和维修手册等。

◎ 作业准备：

检查举升机，车辆在工位停放周正，铺好车内和车外护套。

◎ 操作步骤：

一、确认故障现象

按下一键起动开关起动车辆，智能钥匙小灯不闪烁，仪表不亮，车辆无任何反应，高压不上电。

二、利用故障诊断仪诊断故障

连接故障诊断仪，按下一键起动开关，打开故障诊断仪，读取故障码和数据流。车辆下电后，清除故障码，车辆再次上电后，使用故障诊断仪再次读取故障码并和之前的故障码进行对比，分析故障码的性质。

扫一扫
起动开关的检测

三、故障检测

扫一扫
一键起动无反应故障诊断

序号	操作示意图	操作方法	操作标准
1		测量辅助蓄电池电压，万用表红黑表笔分别接辅助蓄电池正负极接线柱	正常情况下应为 11~14V
2		拆卸仪表板中部右装饰板	参照维修手册标准进行拆卸
3		用专用工具撬开仪表板中部右装饰板卡扣，取下仪表板中部右装饰板	
4		断开一键起动开关线束插接器 IP46a，取下仪表板中部右装饰板总成，取出一键起动开关	
5		检查一键起动开关与 BCM 之间线束的电阻	线束标准电阻：小于 1Ω

105

(续)

序号	操作示意图	操作方法	操作标准
6		检查一键起动开关的电阻	标准电阻（未按下）：4.74~4.85kΩ 标准电阻（按下）：1.24~1.35kΩ

四、竣工检验

1）按照相反顺序安装一键起动开关线束插接器。

2）验证无钥匙起动功能。

3）整理、恢复作业场地。

【工作任务单】

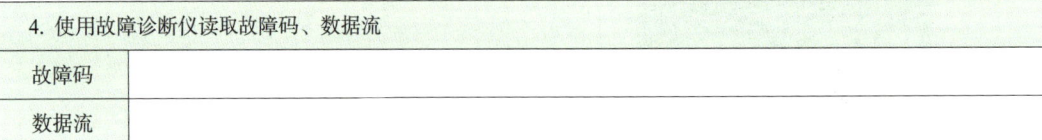

无钥匙起动系统的检修		工作任务单	班级： 姓名：	
1. 车辆信息记录				
品牌		整车型号		生产年月
驱动电机型号		动力蓄电池电量		行驶里程
车辆识别代号				
2. 作业场地准备				
检查设置隔离栏			□是	□否
检查设置安全警示牌			□是	□否
检查灭火器压力、有效期			□是	□否
安装车辆挡块			□是	□否
3. 记录故障现象				
4. 使用故障诊断仪读取故障码、数据流				
故障码				
数据流				

项目四 新能源汽车辅助电气系统的检修

(续)

5. 拆画无钥匙起动系统电路图

6. 故障检测

检测对象	检测条件	检测值	标准值	结果判断

7. 故障确认

故障点	故障类型	维修措施

8. 竣工检验

车辆是否正常低压上电	□是　□否
车辆是否正常高压上电	□是　□否

9. 作业场地恢复

拆卸车内三件套	□是　□否
拆卸翼子板布	□是　□否
将高压警示牌等放至原位置	□是　□否
清洁、整理场地	□是　□否

【课证融通考评单】

无钥匙起动系统的检修		实习日期：	
姓名：	班级：	学号：	教师签名：
自评：□熟练　□不熟练	互评：□熟练　□不熟练	师评：□合格　□不合格	
日期：	日期：	日期：	
无钥匙起动系统的检修【评分细则】							

序号	评分项	得分条件	分值	评分要求	自评	互评	师评
1	安全/7S/态度	□1) 能进行工位 7S 操作 □2) 能进行设备和工具安全检查 □3) 能进行车辆安全防护操作 □4) 能进行工具清洁、校准、存放操作 □5) 能进行三不落地操作	15	未完成 1 项扣 3 分，扣分不得超过 15 分	□熟练 □不熟练	□熟练 □不熟练	□合格 □不合格

(续)

序号	评分项	得分条件	分值	评分要求	自评	互评	师评
2	专业技能能力	□1）能正确地确认故障现象 □2）能规范地拆卸一键起动开关线束插接器 □3）能正确地测量辅助蓄电池电压 □4）能正确地检测一键起动开关线束插接器端子电压 □5）能正确地检测一键起动开关线束插接器端子电阻 □6）能确认无钥匙起动系统故障部位 □7）能规范地修复无钥匙起动系统故障部位 □8）能规范地验证无钥匙起动功能	50	未完成1项扣6分	□熟练 □不熟练	□熟练 □不熟练	□合格 □不合格
3	工具及设备的使用能力	□1）能正确地使用故障诊断仪 □2）能正确地使用万用表 □3）能正确地使用内饰拆卸板	10	未完成1项扣3分	□熟练 □不熟练	□熟练 □不熟练	□合格 □不合格
4	资料、信息查询能力	□1）能正确地查询线束插接器端子含义 □2）能正确地使用维修手册查询资料 □3）能正确地记录所需维修信息	10	未完成1项扣3分	□熟练 □不熟练	□熟练 □不熟练	□合格 □不合格
5	数据判断和分析能力	□1）能判断辅助蓄电池电压是否正常 □2）能判断一键起动开关供电是否正常 □3）能判断一键起动开关搭铁是否正常 □4）能判断信号数据通信是否正常	10	未完成1项扣3分，扣分不得超过10分	□熟练 □不熟练	□熟练 □不熟练	□合格 □不合格
6	表单填写报告的撰写能力	□1）字迹清晰 □2）语句通顺 □3）无错别字 □4）无涂改 □5）无抄袭	5	未完成1项扣1分，扣分不得超过5分	□熟练 □不熟练	□熟练 □不熟练	□合格 □不合格

总分：

 项目测评

一、填空题

1）纯电动汽车的DC/DC变换器的主要作用是_____。

2）当蓄电池接通外电路负载放电时，正极板上的PbO_2和负极板上的Pb都变成了_____，电解液中的硫酸减少，水增多，密度减小。充电时，正负极板上的$PbSO_4$，分别恢复成原来的PbO_2和Pb，电解液中的水减少，硫酸增多，密度_____。

3）辅助蓄电池由多个单格电池组成，每个单格电池由_____极板、隔板、_____和壳体组成。

4）辅助蓄电池作用有：_____

_____

_____

_____。

5）纯电动汽车低压 12V 直流供电系统包括辅助蓄电池、_____以及电气设备等。

6）动力蓄电池系统输出的高压直流电通过_____转换为低压直流电，一部分电能被电气设备使用，另一部分储存在辅助蓄电池中。

二、简答题

1）无钥匙起动系统包括哪几部分？

2）简述无钥匙起动系统的工作原理。

3）简述 DC/DC 变换器电路的工作原理。

项目五

新能源汽车暖风与空调系统的检修

新能源汽车暖风与空调系统的检修主要包括两个学习任务：暖风系统的检修和自动空调系统的检修。

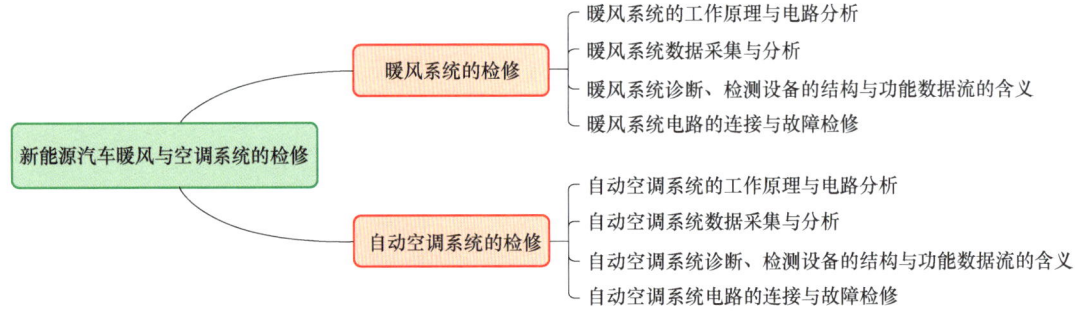

任务一　暖风系统的检修

传统汽车通常利用发动机的余热为热源，再用鼓风机将加热后的空气送入车厢内，但纯电动汽车没有发动机，可利用的余热也较少，使用暖风、空调系统都会使续驶里程大幅降低，尤其是使用暖风系统时耗电量更大，因此，需要采用单独的加热系统来供暖。

【学习目标】

◎ 知识目标：

1）掌握暖风系统的工作原理。

2）制订暖风系统故障检修流程。

◎ 技能目标：

1）具备正确使用纯电动汽车暖风系统功能，确认空调控制面板显示情况的能力。

2）具备查阅电路图册，拆画暖风系统电路图的能力。

3）具备依据维修手册，对暖风系统进行故障诊断与排除的能力。

◎ 素养目标：

1）培养学生操作过程中树立高压安全意识。
2）弘扬志愿精神，提升技能服务社会的能力。
3）在高压作业前，正确地检查、穿戴个人防护用具并唱报清楚，培养学生规范操作意识。

【任务描述】

一辆吉利帝豪 EV450，开启暖风功能运行 1~2min 后，用手背感觉到出风口只吹凉风。经过维修技师检测，初步认为加热器水泵电源、控制电路或自身故障，需要选择正确工具对故障进行检测并修复。

【获取信息】

一、暖风系统的工作原理

暖风系统包括鼓风机、电加热器（PTC）、加热器水泵、加热芯体和蒸发芯体。

当自动空调系统处于加热模式时，电加热器对冷却液进行加热，高温冷却液被加热器水泵抽入加热芯体。同时，气流在鼓风机的作用下流过加热芯体，产生热量传递。外部空气在进入车厢前，与加热后的空气混合，吹出舒适的暖风。暖风系统的工作原理如图 5-1 所示。

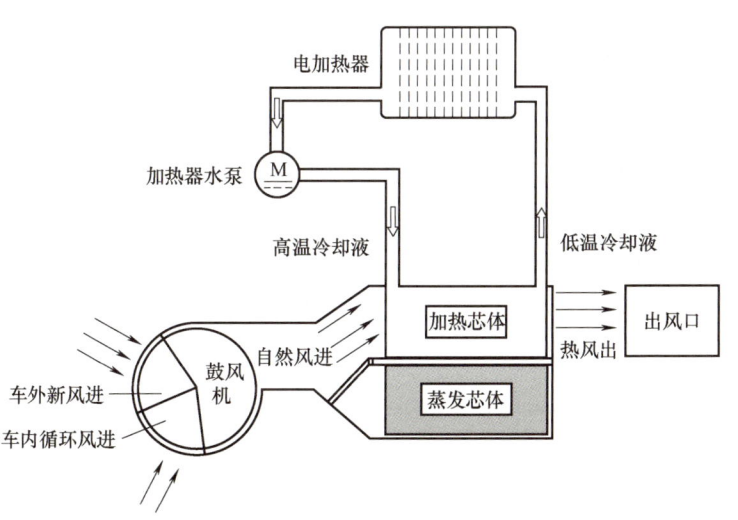

图 5-1 暖风系统的工作原理图

想一想：

纯电动汽车和传统汽车的暖风系统有什么不同之处？

二、暖风系统电路分析

1. 电加热器电路分析

（1）高压电路 图 5-2 为暖风系统电路图，动力蓄电池的高压直流电进入高压配电/充电机控制器，通过熔断器 HF05 后流入电加热器，为电加热器提供动力电源。

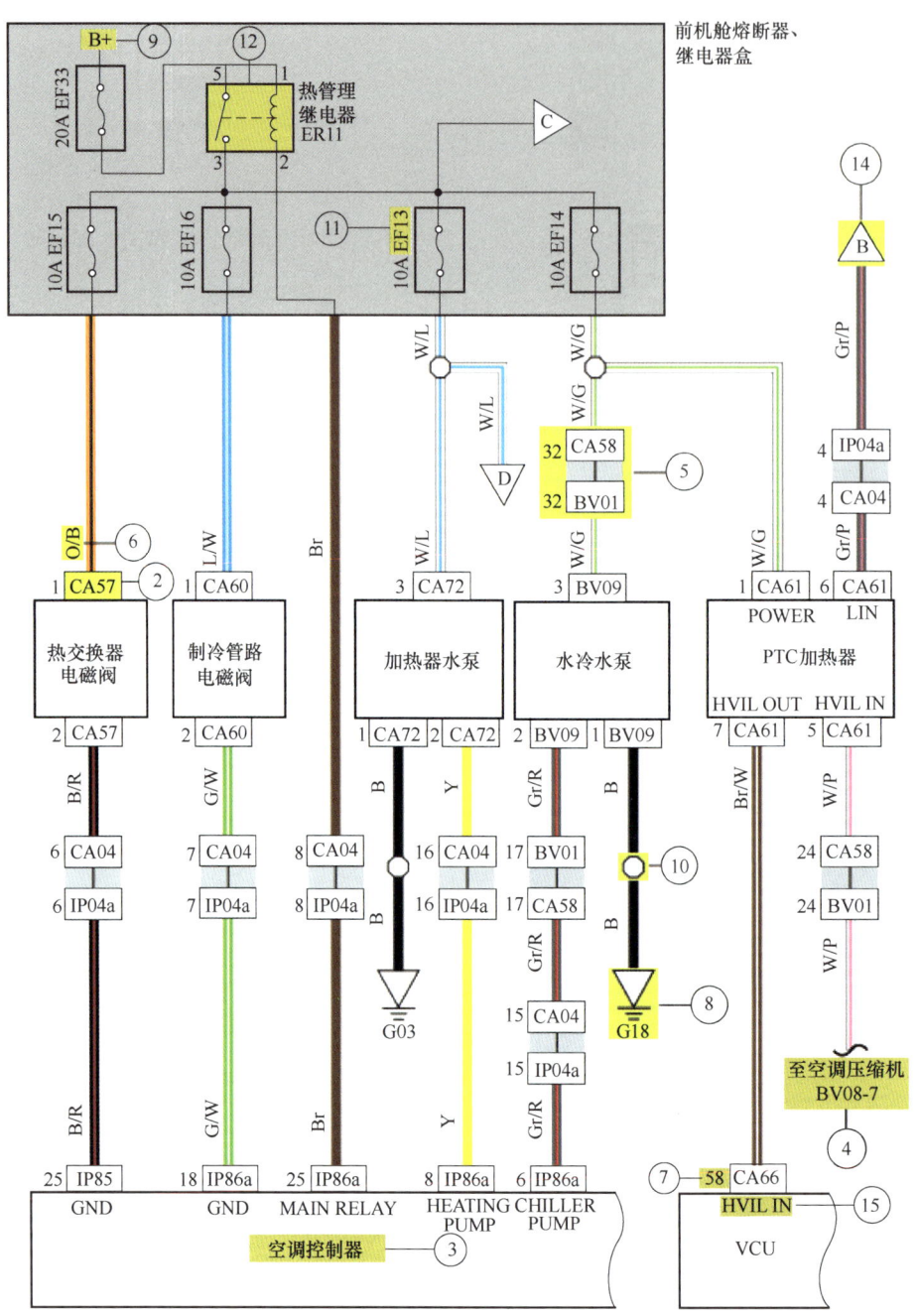

图 5-2 暖风系统电路图

（2）热管理继电器控制电路　热管理继电器供电电源由蓄电池 B+ 通过 EF33 至继电器的 1 和 5 端子，其中 1 端子为继电器线圈提供电源，5 端子为继电器触点提供电源；空调控制器接收到起动制冷、制热以及整车热管理功能的相关请求后，空调控制器将继电器的 2 端子至控制器 IP86a/25 端子间的电路搭铁，继电器工作，触点闭合，热管理继电器 3 端子输出工作电源，为制冷管路电磁阀、热交换器电磁阀、加热器水泵、水冷水泵、热交换器集成单元、三通电磁阀 A/B/C、电加热器提供电源。

（3）电加热器电源电路　电加热器电源通过热管理继电器 ER11 控制，热管理继电器工作时，B+ 电源通过 EF14 熔断器至电加热控制器的 CA61/1 端子间的电路为控制器提供正电源，电加热器内部印制电路板上搭铁与壳体相连接，通过搭铁线至车身搭铁构成回路，控制器得到电源工作。

> **温馨提示：**
>
> 在更换电加热器部件时，应注意加热功率和型号的正确选择，拆装时应注意防护，避免损坏部件及发生危险，未参加系统知识培训的人员不得拆装、检修。纯电动汽车维修操作人员必须持有中华人民共和国应急管理部颁发的特种作业操作证（低压电工证），并经过电动车厂商新车型培训、考核，才能上岗，以满足职业操作规范的要求。
>
> 车间管理的 7S——整理、整顿、清扫、清洁、素养、安全和节约 7 个项目，因可以用 "S" 为首字母的单词表达，简称 7S。希望同学们在今后的工作中，执行 7S 标准，严谨认真，踏实负责，为企业发展做出贡献的同时实现自身的可持续发展。

2. 加热器水泵电路

加热器水泵电源由热管理继电器提供，热管理继电器工作时，B+ 电源通过 EF13 熔断器至加热器水泵 CA72/3 端子间的电路为加热器水泵提供电源，通过加热器水泵的 CA72/1 端子搭铁。

> **头脑风暴：**
>
> 如果动力蓄电池没电了，暖风功能还能用吗？

三、诊断流程

| 步骤 1 | 使用故障诊断仪读取故障码，确认系统是否存在故障码。 |

1）起动开关置于 "ON" 状态。

2）连接故障诊断仪，读取系统故障码。

 是   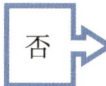 否 → 正确连接线束插接器。

| 步骤 2 | 检查加热器水泵熔断器 EF13 是否熔断。 |

 是   否 → 转至步骤 4。

| 步骤 3 | 检修熔断器 EF13 电路是否正常。 |

1）检查熔断器 EF13 电路是否有短路故障。

2）进行电路修理，确认没有电路短路现象。

3）更换额定电流的熔断器，熔断器的额定值为 10A。

4）确认加热器水泵是否正常工作。

 否    是 → 系统正常。

| 步骤 4 | 检查加热器水泵电源电路是否正常。 |

1）起动开关，置于 "OFF" 状态。

2）断开辅助蓄电池负极电缆，等待至少 90s 以上。

3)断开加热器水泵线束插接器 CA72。

4)断开前机舱熔断器盒线束插接器。

5)测量加热器水泵线束插接器端子与前机舱熔断器盒线束插接器端子之间的电阻值,电阻标准值应小于 1Ω。

6)确认电阻值是否符合标准值。

  更换或维修线束或插接器。

| 步骤 5 | 检查加热器水泵与空调控制器之间的线束是否正常。 |

1)起动开关置于"OFF"状态。

2)断开辅助蓄电池负极电缆,等待至少 90s 以上。

3)断开空调控制器线束插接器 IP80(见图 5-3)。

4)断开加热器水泵线束插接器 CA72(见图 5-4)。

5)测量 CA72/2 端子与 IP80/8 端子之间的电阻值,电阻标准值应小于 1Ω。

6)确认电阻值是否符合标准值。

 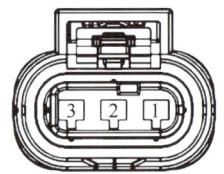

图 5-3　空调控制器线束插接器 IP80　　　　图 5-4　加热器水泵线束插接器 CA72

 更换或维修线束或插接器。

| 步骤 6 | 检查加热器水泵接地电路是否正常。 |

1)起动开关置于"OFF"状态。

2)断开辅助蓄电池负极电缆,等待至少 90s 以上。

3)断开空调控制器线束插接器 IP80。

4)断开加热器水泵线束插接器 CA72。

5)测量 CA72/1 端子与车身接地之间的电阻值,电阻标准值应小于 1Ω。

6)确认电阻值是否符合标准值。

  更换或维修线束或插接器。

| 步骤 7 | 更换加热器水泵。 |

1)起动开关置于"OFF"状态。

2)断开辅助蓄电池负极电缆。

3）更换加热器水泵。

4）确认故障排除。

| 否 | | 是 | 系统正常。 |

| 步骤8 | 更换空调控制器。 |

1）起动开关置于"OFF"状态。

2）断开辅助蓄电池负极电缆。

3）更换空调控制器。

4）确认故障排除。

下一步

| 步骤9 | 系统正常。 |

【学习任务单】

| 暖风系统的检修 | 学习任务单 | 班级：
姓名： |

1）纯电动汽车暖风系统的主要组成部分有哪些？

① _____ ② _____

③ _____ ④ _____

2）当自动空调系统处于加热模式时，电加热器对冷却液进行加热，高温冷却液被 _____ 抽入加热芯体。

3）写出图中所指部位的名称：

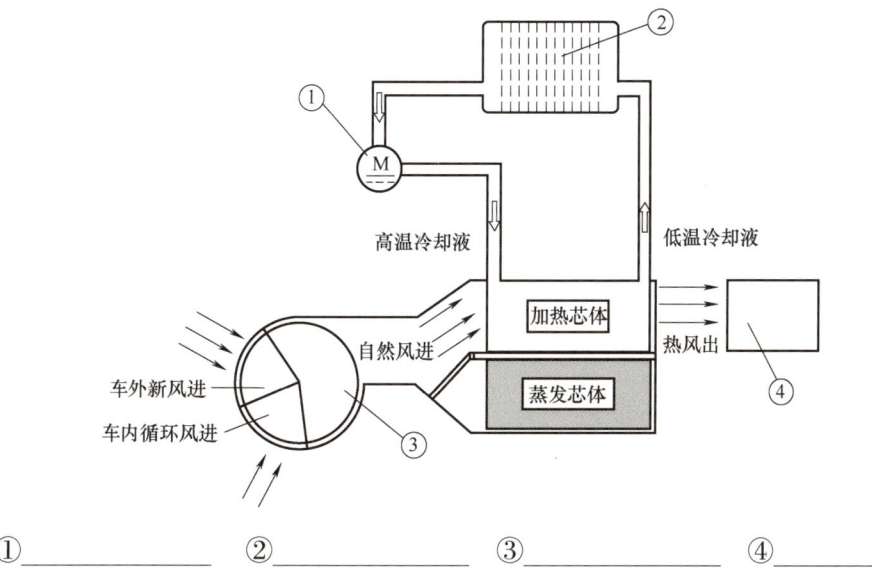

① _____ ② _____ ③ _____ ④ _____

4）如图 5-2 所示，加热器水泵电源由热管理继电器提供，热管理继电器工作时，B+ 电源通过 EF13 熔断器至加热器水泵_____端子间的电路，为加热器水泵提供电源，通过加热器水泵的_____端子搭铁。

5）在检修暖风系统电路时，起动开关置于"OFF"状态。断开辅助蓄电池负极电缆，并等待至少_____以上。

【任务实施】 暖风系统的检修

◎ 实训器材：

吉利帝豪 EV450、故障诊断仪、常用工具和维修手册等。

◎ 作业准备：

检查车辆运行状况，车辆在工位停放周正，铺好车内和车外护套。

◎ 操作步骤：

一、确认故障现象

开启暖风功能运行 1~2min 后，用手背感觉到出风口只吹凉风。

二、利用故障诊断仪诊断故障

连接故障诊断仪，按下一键起动开关，读取故障码和数据流。车辆下电后，清除故障码，车辆再次上电后，使用故障诊断仪再次读取故障码并和之前的故障码进行对比，分析故障码的性质。

1）读到下列部分故障码或其中一条故障码：

B11917B——加热器水泵空载。

B119197——加热器水泵堵转 / 过电流。

B119198——加热器水泵过电流关闭。

B119121——加热器水泵转速过低。

B119113——加热器水泵开路。

> **温馨提示：**
>
> 在进行故障诊断与排除时，不能盲目地主观臆断，应依据空调控制面板、空调控制器、电加热器、BMS、OBC、VCU 等的工作原理及控制原理，运用科学的分析方法，按标准的步骤进行综合分析，正确判断故障所在。

2）导致以上故障的原因有：熔断器 EF13 熔断、加热器水泵电源电路故障、加热器水泵与空调控制器之间电路故障、加热器水泵接地电路故障、加热器水泵故障、空调控制器故障。

扫一扫

暖风不工作故障诊断

项目五　新能源汽车暖风与空调系统的检修

三、故障检测

序号	操作示意图	操作方法	操作标准
1		检查加热器水泵熔断器 EF13 连接情况，测量 EF13 的电阻阻值	熔断器 EF13 应连接正常，电阻标准值：小于 1Ω
2	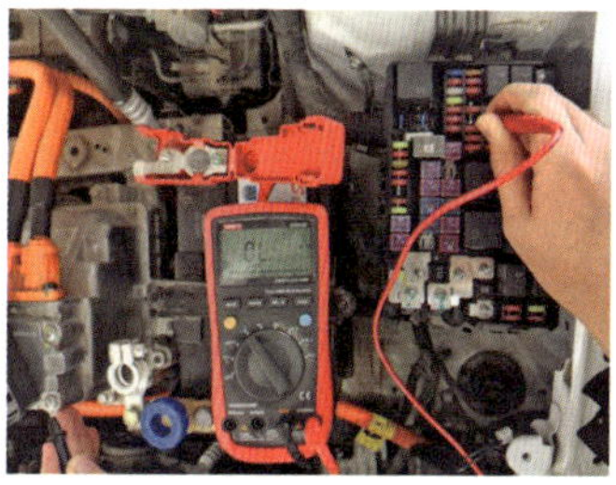	检修熔断器 EF13 的电路	应无电路短路现象
3	  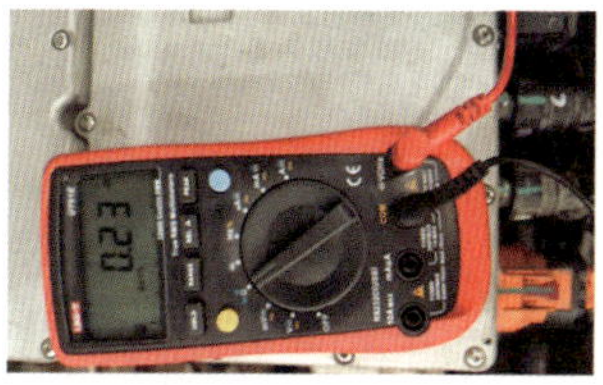	检查加热器水泵电源电路。断开加热器水泵线束插接器 CA72。断开前机舱熔断器盒线束插接器。测量加热器水泵线束插接器端子与前机舱熔断器盒线束插接器端子之间的电阻值	电阻标准值：小于 1Ω
4	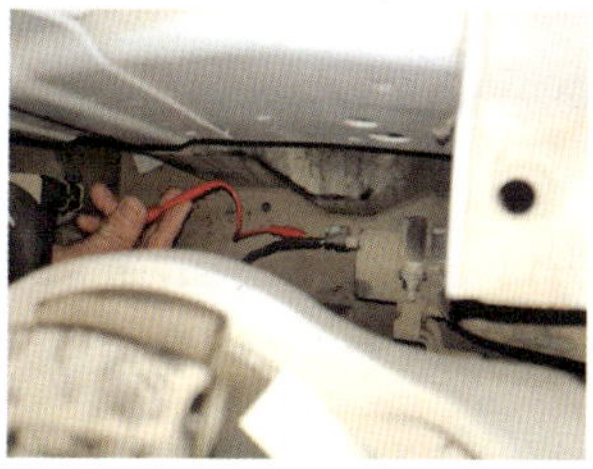	检查加热器水泵与空调控制器之间的线束。断开空调控制器线束插接器 IP80。断开加热器水泵线束插接器 CA72。测量 CA72/2 端子与 IP80/8 端子之间的电阻值	CA72/2 端子与 IP80/8 端子之间的电阻标准值：小于 1Ω

117

(续)

序号	操作示意图	操作方法	操作标准
4		检查加热器水泵与空调控制器之间的线束。断开空调控制器线束插接器 IP80。断开加热器水泵线束插接器 CA72。测量 CA72/2 端子与 IP80/8 端子之间的电阻值	CA72/2 端子与 IP80/8 端子之间的电阻标准值：小于 1Ω
5		检查加热器水泵接地电路。测量 CA72/1 端子与车身接地之间的电阻值	CA72/1 端子与车身接地之间的电阻标准值：小于 1Ω
6		起动开关置于"OFF"状态。断开辅助蓄电池负极电缆。检查或更换加热器水泵。检查或更换空调控制器	系统正常，确认故障排除

竞赛小知识：

在分析电压检测结果时，要根据电路图和控制单元内部结构具体分析，有些电压为虚电，即稍微低于 +B。在不确定的情况下可使用带负载的试灯（12V 5W）进行验证，如果试灯不亮，则判定无电，即这里的电压为 0。

四、竣工检验

1）起动车辆，验证暖风功能是否正常。

2）整理、恢复作业场地。

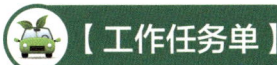【工作任务单】

暖风系统的检修	工作任务单	班级：
		姓名：

1. 车辆信息记录

品牌		整车型号		生产年月	
驱动电机型号		动力蓄电池电量		行驶里程	
车辆识别代号					

2. 作业场地准备

检查设置隔离栏	□是 □否
检查设置安全警示牌	□是 □否
检查灭火器压力、有效期	□是 □否
安装车辆挡块	□是 □否

3. 记录故障现象

4. 使用故障诊断仪读取故障码、数据流

故障码	
数据流	

5. 绘制相关电路图

（续）

6. 故障检测

检测对象	检测条件	检测值	标准值	结果判断

7. 故障确认

故障点	故障类型	维修措施

8. 竣工检验

车辆暖风功能是否正常	□是　□否

9. 作业场地恢复

拆卸车内三件套	□是　□否
拆卸翼子板布	□是　□否
将高压警示牌等放至原位置	□是　□否
清洁、整理场地	□是　□否

【课证融通考评单】

暖风系统的检修		实习日期：	
姓名：	班级：	学号：	教师签名：
自评：□熟练　□不熟练	互评：□熟练　□不熟练	师评：□合格　□不合格	
日期：	日期：	日期：	

暖风系统的检修【评分细则】

序号	评分项	得分条件	分值	评分要求	自评	互评	师评
1	安全/7S/态度	□1）能进行工位 7S 操作 □2）能进行设备和工具安全检查 □3）能进行车辆安全防护操作 □4）能进行工具清洁、校准、存放操作 □5）能进行三不落地操作	15	未完成1项扣3分，扣分不得超过15分	□熟练 □不熟练	□熟练 □不熟练	□合格 □不合格

(续)

序号	评分项	得分条件	分值	评分要求	自评	互评	师评
2	专业技能能力	□1)能正确地确认故障现象 □2)能规范地拆卸加热器水泵线束插接器CA72 □3)能正确地测量加热器水泵线束插接器端子与前机舱熔断器盒线束插接器端子之间的电阻值 □4)能正确地检测CA72/2端子与IP80/8端子之间的电阻值 □5)能正确地测量CA72/1端子与车身接地之间的电阻值 □6)能正确地检查熔断器EF13 □7)能确认暖风系统故障部位 □8)能规范地修复暖风系统故障部位 □9)能规范地验证暖风系统功能	50	未完成1项扣6分,扣分不得超过50分	□熟练 □不熟练	□熟练 □不熟练	□合格 □不合格
3	工具及设备的使用能力	□1)能正确地使用故障诊断仪 □2)能正确地使用万用表 □3)能正确地使用暖风功能	10	未完成1项扣3分	□熟练 □不熟练	□熟练 □不熟练	□合格 □不合格
4	资料、信息查询能力	□1)能正确地查询线束插接器端子含义 □2)能正确地使用维修手册查询资料 □3)能正确地记录所需维修信息	10	未完成1项扣3分	□熟练 □不熟练	□熟练 □不熟练	□合格 □不合格
5	数据判断和分析能力	□1)能判断暖风系统是否正常 □2)能判断加热器水泵供电是否正常 □3)能判断加热器水泵接地电路是否正常 □4)能判断暖风系统数据通信是否正常	10	未完成1项扣3分,扣分不得超过10分	□熟练 □不熟练	□熟练 □不熟练	□合格 □不合格
6	表单填写报告的撰写能力	□1)字迹清晰 □2)语句通顺 □3)无错别字 □4)无涂改 □5)无抄袭	5	未完成1项扣1分,扣分不得超过5分	□熟练 □不熟练	□熟练 □不熟练	□合格 □不合格

总分:

任务二 自动空调系统的检修

不论车辆所在地区外部天气状况如何,吉利帝豪EV450整车空调系统都可以对车内空气的温度、湿度、洁净度、流速等进行调节,并具有制冷、采暖、通风、除霜功能,以便给乘客提供舒适的乘坐环境。现代纯电动汽车已不再安装内燃机,因此空调制冷的压缩机已不能由发动机驱动,而改由电机来驱动。

【学习目标】

◎ 知识目标：

1）掌握自动空调系统的工作原理。
2）制订自动空调系统的故障检修流程。

◎ 技能目标：

1）具备正确使用自动空调系统功能，确认空调控制面板显示情况的能力。
2）具备查阅电路图册，拆画自动空调系统电路图的能力。
3）具备依据维修手册，对自动空调系统进行故障诊断与排除的能力。

◎ 素养目标：

1）及时了解国家政策、法规，熟练掌握行业规程，增强安全意识，加强技术学习。
2）重视小组分工协作，培养学生的团队合作精神。
3）培养学生良好的自我管理能力，做好自己的职业发展规划。

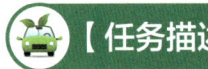【任务描述】

一辆吉利帝豪 EV450，开启自动空调系统运行 1~2min 后，出风口无风。经过维修技师检测，初步认为鼓风机电源、控制电路或系统自身出现故障，需要选择正确工具对故障进行检测并修复。

【获取信息】

一、自动空调系统的结构组成

想一想：

自动空调系统的结构与普通空调有什么不同？

纯电动汽车的空调系统与传统汽车基本相同，由压缩机、冷凝器、蒸发器、冷却风扇、鼓风机、膨胀阀、储液干燥器和高低压管路附件等组成。传统汽车压缩机由发动机传动带通过电磁离合器带动，而纯电动汽车采用电动压缩机，电动压缩机由动力蓄电池提供高压电来驱动。

二、自动空调系统的工作原理

自动空调系统的工作原理如图 5-5 所示，压缩机受高压电驱动，当压缩机工作时，压缩机吸入从蒸发器出来的低温低压的气态制冷剂，经压缩，制冷剂的温度和压力升高，并被送入冷凝器。在冷凝器内，高温高压的气态制冷剂把热量传递给经过冷凝器的车外空气而液化，变成液体。液态制冷剂流经膨胀阀时，温度和压力降低，并进入蒸发器。在蒸发器内，低温低压的液态制冷剂吸收经过蒸发器的车内空气的热量而蒸发，变成气体。气体又被压缩机吸入进行下一轮循环。这样，通过制冷剂在系统内的循环，不断地吸收车内空气的热量并排到车外空气中，使车内空气的温度逐渐下降。

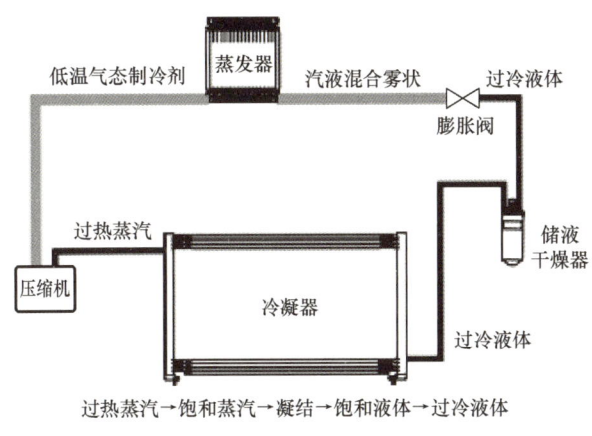

图 5-5 自动空调系统的工作原理

> **温馨提示：**
>
> 汽车自动空调系统能根据驾驶人或乘员设定的温度，以最经济的模式，计算、分析各种传感器输入的信号，对送风温度和送风速度及时地进行调整，使车内的空气环境保持最佳状态，实现了汽车空调系统的自我管理。现代汽车维修技师也应具备良好的自我管理能力，做好自己的职业发展规划，在工作中应注意学习和积累，把理论知识与技能全面融合，用专业的诊断思维分析故障产生的原因，用科学标准的诊断方法和步骤排除故障，为送修车辆的客户排忧解难，赢得客户的信赖，提升客户满意度。

三、自动空调系统电路分析

1. 空调控制器电源电路分析

空调控制器是自动空调系统中的电控单元，可以控制纯电动汽车的制冷、制热、通风、除霜以及热管理系统功能。它通过接收温度、开关、执行器电动机位置、光照等信号，控制各执行器的运行。

空调控制器的电源主要有两路：一路为 IG 电源，另一路为 B+ 电源，如图 5-6 所示。

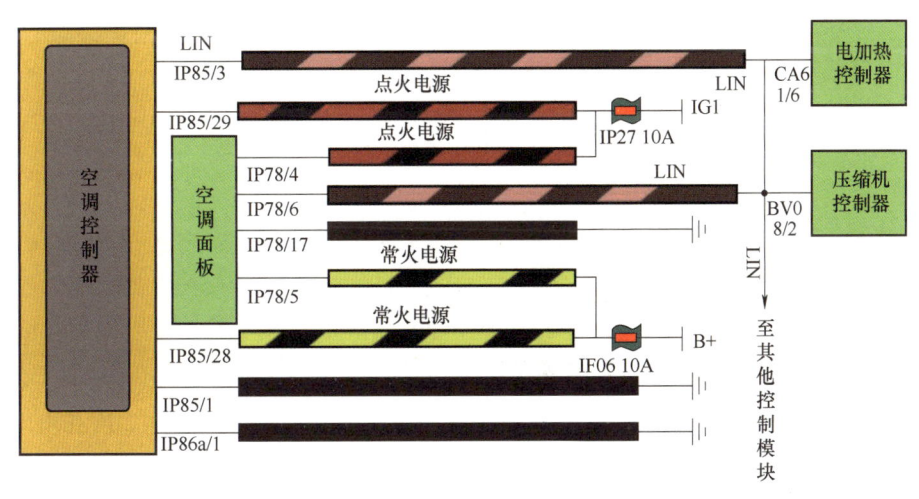

图 5-6 空调控制器的电源电路图

IG 电源受一键起动开关控制。

B+ 电源也称为常火电源，主要为控制器提供不间歇性电源，保证单元内部存储的临时性数据及信号不丢失，同时也作为空调控制器工作电源之一，保证空调系统和其他系统的 V-CAN、LIN 总线通信正常，并在车辆充电过程中保证整车热管理系统正常起动工作。

2. 温度传感器电路分析

空调控制器能够监测室外环境温度传感器、蒸发器温度传感器信号。当检测到环境温度大于或等于 –1℃、蒸发箱温度大于或等于 4℃、高低压压力开关高电位 +B 信号后，即向空调压缩机控制器发送起动空调压缩机信号，空调压缩机控制器控制压缩机运转，制冷系统循环开始运行。

图 5-7 所示为蒸发器、室外环境温度传感器电路原理图，空调控制器输出 5V 参考信号电压，通过内部电阻 R_1、IP85/35 端子至蒸发器温度传感器 IP94/1 端子，经蒸发器温度传感器及 IP94/2 端子流出至控制器 IP85/2 端子，在控制器内部搭铁。蒸发器温度传感器信号电压随蒸发器表面温度在 0.4~4.2V 间变化，空调控制器根据检测到的电压和内部存储的阈值电压进行比对，并解析为温度信号。

空调控制器输出 5V 参考信号电压，通过内部电阻 R_2、IP85/34 端子至室外环境温度传感器 CA47/1 端子，经室外环境温度传感器从 CA47/2 端子流出至控制器 IP85/2 端子，在控制器内部搭铁。其室外温度传感器信号电压随外界温度在 0.5~4.2V 间变化，空调控制器根据检测到的电压和内部存储的阈值电压进行比对，并解析为温度信号。

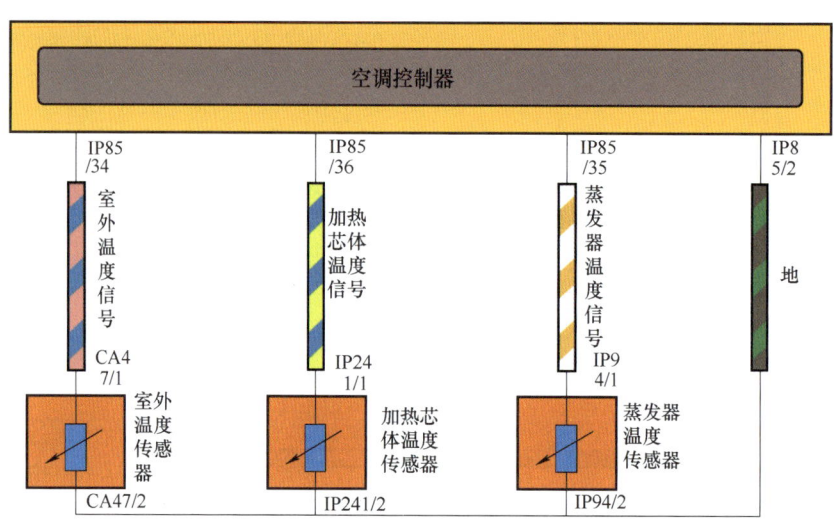

图 5-7 蒸发器、室外环境温度传感器电路原理图

3. 阳光传感器电路分析

图 5-8 所示为阳光传感器电路原理图，空调控制器通过 IP85/37 端子输出一个 5V 的参考信号电压至传感器 IP59/5 端子，通过光敏电阻至传感器 IP59/4 端子输出至车身搭铁，构成闭合回路。随着日照的增加，传感器信号电压也增加，反之则减小。传感器信号电压在 1.3~4.5V 间变化，空调控制器根据此信号调节空调在自动状态下的驾驶室内温度和出风量等。

> **头脑风暴：**

阳光传感器在自动空调系统中起到什么作用？

_____
_____
_____

4. 鼓风机电路分析

图 5-9 所示为鼓风机电路原理图，B+ 电源由熔断器 SF10 向鼓风机继电器电源 30 端子提供功率电源，由熔断器 EF29 向鼓风机继电器线圈提供控制电源。

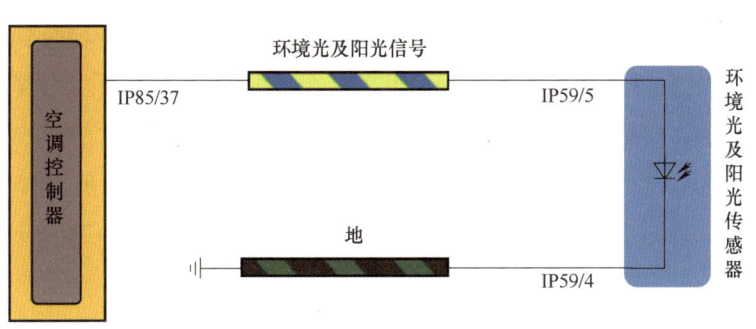

图 5-8 阳光传感器电路原理图

空调制冷或制热功能开启后，空调控制器内部将 IP86a/26 端子至继电器 86 端子间电路搭铁，控制鼓风机继电器工作，鼓风机继电器 87 端子输出两路电源。一路电源通过电路进入空调控制器 IP85/22 端子，另一路向鼓风机 IP90/1 端子提供电源，经线圈流至鼓风机 IP90/2 端子，由鼓风机端子 IP90/2 进入调速单元 IP93c/1 端子，再由调速单元 IP93c/4 端子搭铁，构成回路。

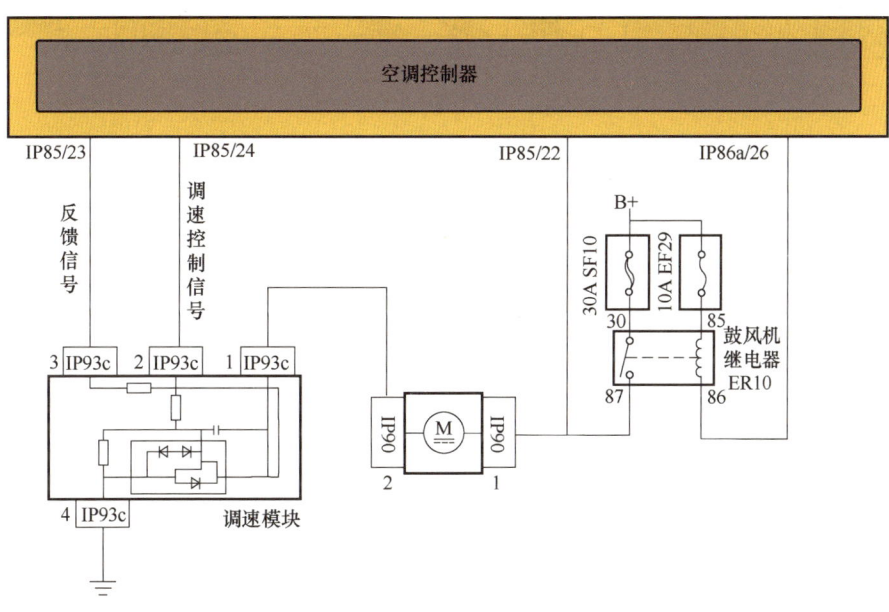

图 5-9 鼓风机电路原理图

手动调节鼓风机转速开关时，空调控制器接收到开关信号后计算处理，由 IP85/24 端子向鼓风机调速单元 IP93c/2 端子发出电压信号，控制调速单元内部的大功率晶体管导通电流，空调控制器输出电压越高，鼓风机转速越高，相反，空调控制器输出电压越小，鼓风机转速越低。

鼓风机运转的同时，调速单元 IP93c/3 端子向空调控制器提供一个鼓风机转速反馈信号，鼓风机转速越高，反馈信号电压越小，鼓风机转速越低，反馈信号电压越高。

5. 冷却风扇电路分析

冷却风扇具有高低速的控制模式，通过两个电动机来驱动。冷却风扇的运行和停止由 VCU 根据空调控制器发出的信号指令来执行，并根据不同指令控制冷却风扇高、低速运行。

（1）冷却风扇低速控制　图 5-10 为冷却风扇电路原理图，VCU 接收到空调控制器通过 V-CAN 总线发送的冷却风扇低速起动请求后，在其内部将 CA67/128 端子搭铁，低速冷却风扇继电器工作，接通继电器 87 和 30 端子，B+ 电源通过熔断器 SF08、继电器、冷却风扇 1 的 CA30b/1 端子和冷却风扇 2 的 CA31/1 端子、调速电阻 R 到达冷却风扇电动机，为冷却风扇 1 和 2 提供电源。冷却风扇 1 和 2 分别通过 CA30b/3 和 CA31/3 端子电路与车身搭铁，为冷却风扇 1 和 2 提供搭铁回路。

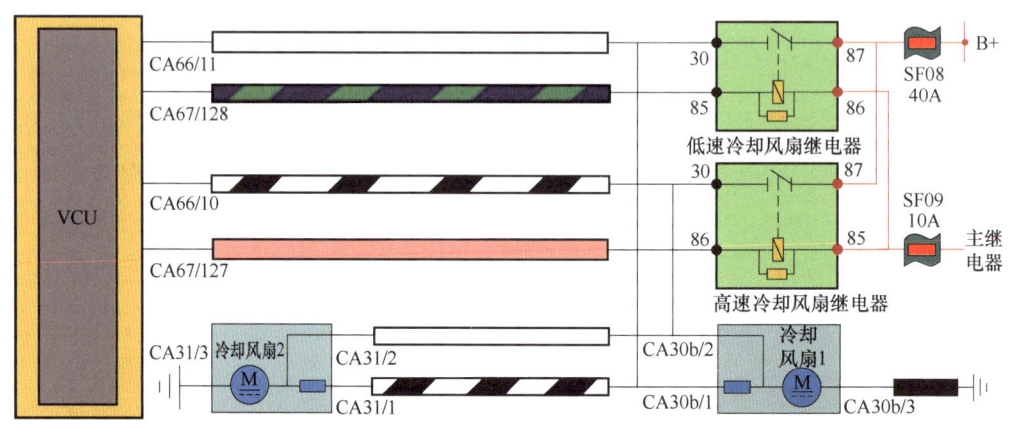

图 5-10　冷却风扇电路原理图

（2）冷却风扇高速控制　VCU 接收到空调控制器通过 V-CAN 总线发送的冷却风扇高速起动请求后，在其内部将 CA67/127 端子搭铁，高速冷却风扇继电器工作，接通继电器 87 和 30 端子，B+ 电源通过熔断器 SF09、继电器、冷却风扇 1 的 CA30b/2 端子和冷却风扇 2 的 CA31/2 端子到达冷却风扇电动机，为冷却风扇 1 和 2 提供电源。冷却风扇 1 和 2 分别通过 CA30b/3 和 CA31/3 端子电路与车身搭铁，为冷却风扇 1 和 2 提供搭铁回路。

6. 空调压缩机电路分析

（1）高压线路　图 5-11 所示为空调压缩机电路原理图，动力蓄电池的 346V 直流电进入高压配电 / 充电机控制器，通过 OBC 内部压缩机熔断器 HF04 后流入空调压缩机控制器，为空调压缩机控制器提供动力电源。

（2）空调压缩机控制器电源电路　如图 5-11 所示，空调压缩机控制器电源采用 B+ 电源供电，B+ 电源由 EF30 熔断器至空调压缩机控制器的 BV08/1 端子，通过空调压缩机控制器 BV08/3 端子至车身搭铁，构成回路。

（3）LIN 总线通信电路　空调压缩机控制器、空调控制器、空调控制面板、三通电磁阀（A、B、C）组成一个 LIN 总线网络，空调控制器同时通过 V-CAN 总线与 VCU、BMS、高压配电箱 / 充电机控制器、DC/DC 变换器和 MCU 等通信。

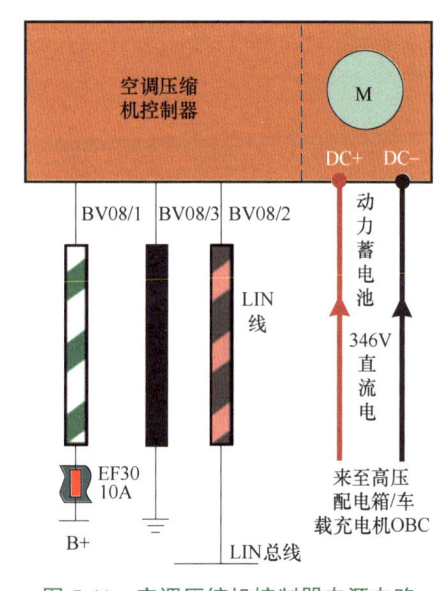

图 5-11　空调压缩机控制器电源电路

（4）高压互锁电路 参与高压互锁的主要高压部件有 MCU 及高压线束、OBC 及高压线束、电加热器及高压线束和空调压缩机及高压线束。

四、诊断流程

1. 电路简图（见图 5-12）

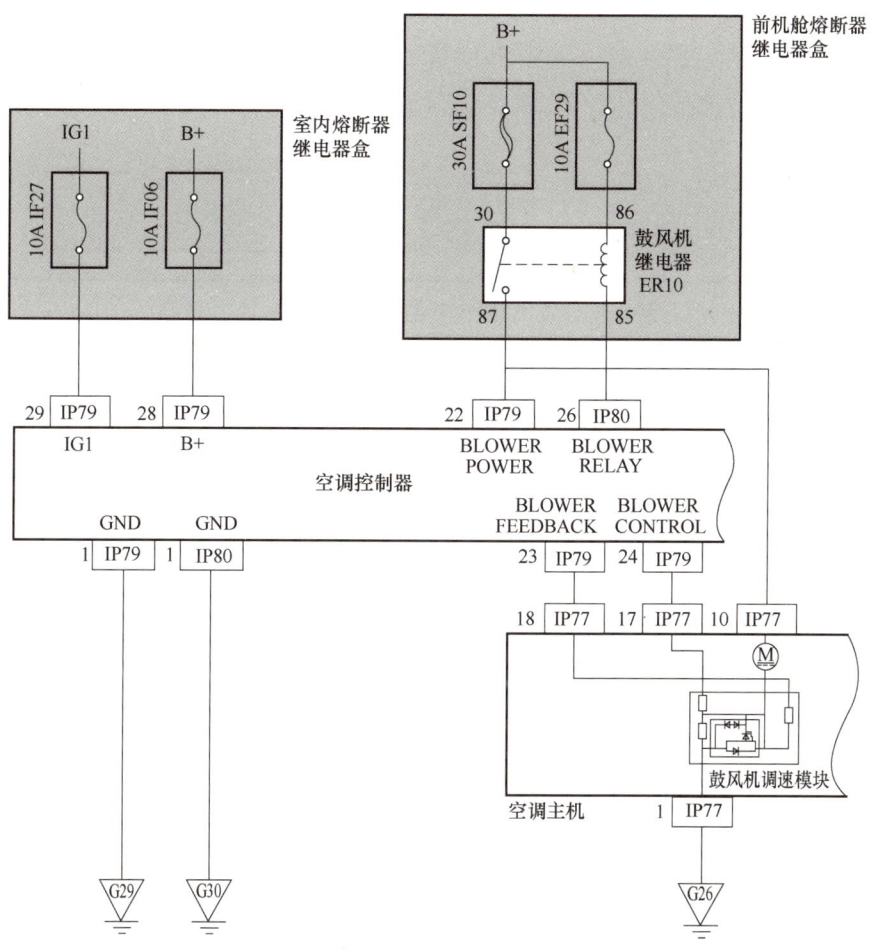

图 5-12 自动空调系统电路简图

2. 诊断步骤

| 步骤 1 | 检查鼓风机熔断器 EF29、SF10 是否熔断。|

1）起动开关置于"OFF"状态。

2）拔下熔断器 EF29、SF10 检查熔断器是否熔断，熔断器额定容量：EF29 为 10A、SF10 为 30A。

| 步骤 2 | 检查鼓风机是否正常。|

1）起动开关置于"OFF"状态。

2）拆卸鼓风机，检查鼓风机是否有叶轮损坏、异物、卡滞等现象。

    修理或更换鼓风机。

步骤 3	检查鼓风机继电器 ER10 是否正常。

1）起动开关置于"OFF"状态。

2）拔下鼓风机继电器 ER10，使用相同型号的继电器替换鼓风机继电器。

3）确认故障是否排除。

   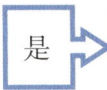 更换故障的继电器。

步骤 4	检查空调控制器与鼓风机继电器之间的线束是否正常。

1）起动开关置于"OFF"状态。

2）断开空调控制器线束插接器 IP79。

3）拆下鼓风机继电器线束插接器。

4）测量空调控制器线束插接器端子与鼓风机继电器线束插接器端子之间的电阻值，电阻标准值：小于1Ω。

   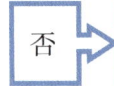 修理或更换线束。

步骤 5	检查鼓风机调速模块与空调控制器之间的线束是否正常（见图 5-13、图 5-14）。

图 5-13　空调主机线束插接器 IP77　　　　图 5-14　空调控制器线束插接器 IP79

1）起动开关置于"OFF"状态。

2）断开空调主机线束插接器 IP77。

3）断开空调控制器线束插接器 IP79。

4）测量线束插接器 IP77/17 端子和插接器 IP79/24 端子之间的电阻值。

5）测量线束插接器 IP77/18 端子和插接器 IP79/23 端子之间的电阻值。

6）确认测量值是否符合标准。

7）测量线束插接器 IP77/1 端子与车身接地之间的电阻值，电阻标准值：小于1Ω。

项目五　新能源汽车暖风与空调系统的检修

 是

 否 ▶ 修理或更换线束。

| 步骤6 | 更换鼓风机调速模块。 |

1）更换鼓风机调速模块。

2）起动开关置于"ON"状态，确认功能是否正常。

 否

 是 ▶ 系统正常。

| 步骤7 | 更换空调控制器。 |

1）更换空调控制器。

2）起动开关置于"ON"状态，确认功能是否正常。

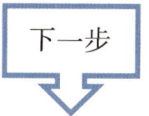 下一步

 是 ▶ 系统正常。

| 步骤8 | 系统正常。 |

【学习任务单】

| 自动空调系统的检修 | 学习任务单 | 班级：
姓名： |

1）纯电动汽车自动空调系统的主要组成部分有哪些？

① _____　　② _____

③ _____　　④ _____

⑤ _____　　⑥ _____

⑦ _____　　⑧ _____

2）写出下图中所指零部件的含义：

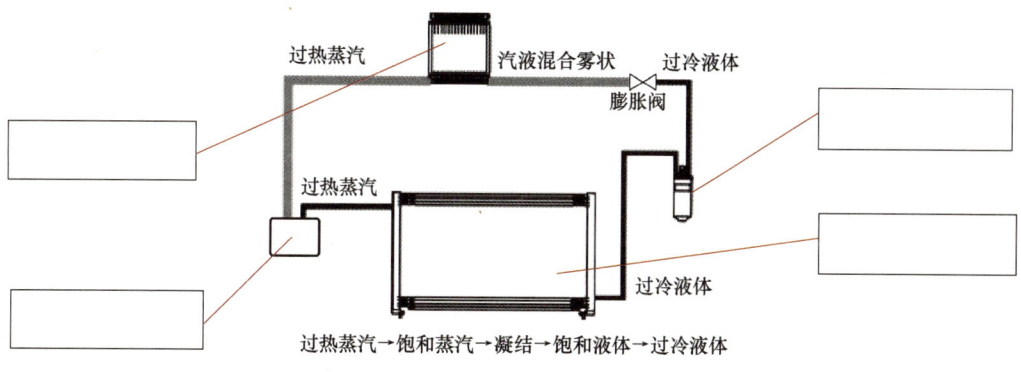

过热蒸汽→饱和蒸汽→凝结→饱和液体→过冷液体

129

3）写出下图中字母所指模块的名称：

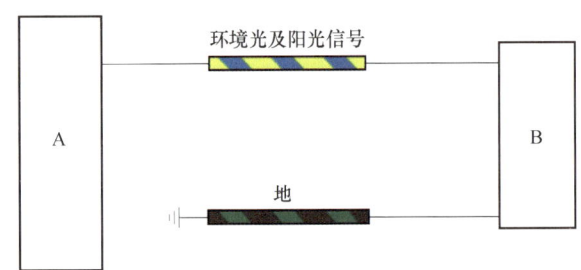

A _____ B _____

B 的信号电压的变化范围是_____，空调控制器根据此信号调节空调在自动状态下的_____和_____等。

【任务实施】 自动空调系统的检修

◎ **实训器材：**

吉利帝豪 EV450、故障诊断仪、常用工具和维修手册等。

◎ **作业准备：**

检查车辆运行状况，车辆在工位停放周正，铺好车内和车外护套。

◎ **操作步骤：**

一、确认故障现象

开启自动空调功能运行 1~2min 后，出风口无风。

二、利用故障诊断仪诊断故障

连接故障诊断仪，按下一键起动开关，读取故障码和数据流。车辆下电后，清除故障码，车辆再次上电后，使用故障诊断仪再次读取故障码并和之前的故障码进行对比，分析故障码的性质。

1）读到故障码为：
B118017——鼓风机电压反馈与目标值相差大。

2）导致以上故障的原因有：熔断器 EF29 及电路故障、熔断器 SF10 及电路故障、鼓风机继电器 ER10 及电路故障、鼓风机调速模块及电路故障、空调控制器及电路故障。

扫一扫

歧管压力表的使用

扫一扫

空调压缩机不工作故障诊断

温馨提示：

因为熔断器熔断一般为电路短路或负载过大引起的，所以必须对用电器以及设备进行搭铁短路检测，防止更换熔断器后烧毁电路、熔断器以及用电设备。

三、故障检测

序号	操作示意图	操作方法	操作标准
1		检查鼓风机熔断器 EF29、SF10 是否熔断	熔断器额定容量：EF29 为 10A；SF10 为 30A
2		检查鼓风机	起动开关置于"OFF"状态。拆卸鼓风机，鼓风机应无叶轮损坏、异物、卡滞等现象
3		检查鼓风机继电器 ER10	拔下鼓风机继电器 ER10，使用相同型号的继电器替换鼓风机继电器
4		检查鼓风机调速模块与空调控制器之间的线束。测量线束插接器 IP77/17 端子和插接器 IP79/24 端子之间的电阻值。测量线束插接器 IP77/18 端子和插接器 IP79/23 端子之间的电阻值。测量线束插接器 IP77/1 端子与车身接地之间的电阻值	电阻标准值：小于 1Ω

四、竣工检验

1）起动车辆，验证自动空调功能是否正常工作。
2）整理、恢复作业场地。

> **竞赛小知识：**

1）检测前确保插接器和紧固件连接可靠、无锈蚀、无破损。此说明适用任何电路、部件的检测。

2）检测单元内部搭铁或电源短路时，尤其要注意检测数值的分析，因单元内部为集成电路结构，各端子搭铁或对电源有一个高阻状态，所以检测时阻值明显大于 2Ω 时，这里都视为 ∞。

【工作任务单】

自动空调系统的检修		工作任务单	班级：	
			姓名：	

1. 车辆信息记录

品牌		整车型号		生产年月	
驱动电机型号		动力蓄电池电量		行驶里程	
车辆识别代号					

2. 作业场地准备

检查设置隔离栏	□是 □否
检查设置安全警示牌	□是 □否
检查灭火器压力、有效期	□是 □否
安装车辆挡块	□是 □否

3. 记录故障现象

4. 使用故障诊断仪读取故障码、数据流

故障码	
数据流	

5. 绘制相关电路图

(续)

6. 故障检测

检测对象	检测条件	检测值	标准值	结果判断

7. 故障确认

故障点	故障类型	维修措施

8. 竣工检验

车辆自动空调功能是否正常	□是　□否

9. 作业场地恢复

拆卸车内三件套	□是　□否
拆卸翼子板布	□是　□否
将高压警示牌等放至原位置	□是　□否
清洁、整理场地	□是　□否

【课证融通考评单】

自动空调系统的检修			实习日期：		
姓名：	班级：		学号：		教师签名：
自评：□熟练　□不熟练	互评：□熟练　□不熟练		师评：□合格　□不合格		
日期：	日期：		日期：		
自动空调系统的检修【评分细则】					
序号	评分项	得分条件	分值	评分要求	自评	互评	师评

序号	评分项	得分条件	分值	评分要求	自评	互评	师评
1	安全/7S/态度	□1）能进行工位 7S 操作 □2）能进行设备和工具安全检查 □3）能进行车辆安全防护操作 □4）能进行工具清洁、校准、存放操作 □5）能进行三不落地操作	15	未完成1项扣3分，扣分不得超过15分	□熟练 □不熟练	□熟练 □不熟练	□合格 □不合格

(续)

序号	评分项	得分条件	分值	评分要求	自评	互评	师评
2	专业技能能力	□1）能正确地确认故障现象 □2）能正确地检查熔断器EF29、SF10 □3）能正确地检查空调控制器与鼓风机继电器之间的线束 □4）能正确地检查鼓风机调速模块与空调控制器之间的线束 □5）能正确地检测鼓风机继电器ER10 □6）能确认自动空调系统故障部位 □7）能规范地修复自动空调系统故障部位 □8）能规范地验证自动空调系统功能	50	未完成1项扣6分	□熟练 □不熟练	□熟练 □不熟练	□合格 □不合格
3	工具及设备的使用能力	□1）能正确地使用故障诊断仪 □2）能正确地使用万用表 □3）能正确地使用自动空调的功能	10	未完成1项扣3分	□熟练 □不熟练	□熟练 □不熟练	□合格 □不合格
4	资料、信息查询能力	□1）能正确地查询线束插接器端子含义 □2）能正确地使用维修手册查询资料 □3）能正确地记录所需维修信息	10	未完成1项扣3分	□熟练 □不熟练	□熟练 □不熟练	□合格 □不合格
5	数据判断和分析能力	□1）能判断自动空调系统是否正常 □2）能判断鼓风机供电是否正常 □3）能判断鼓风机搭铁电路是否正常 □4）能判断自动空调系统数据通信是否正常	10	未完成1项扣3分，扣分不得超过10分	□熟练 □不熟练	□熟练 □不熟练	□合格 □不合格
6	表单填写报告的撰写能力	□1）字迹清晰 □2）语句通顺 □3）无错别字 □4）无涂改 □5）无抄袭	5	未完成1项扣1分，扣分不得超过5分	□熟练 □不熟练	□熟练 □不熟练	□合格 □不合格

总分：

项目测评

一、填空题

1）传统汽车压缩机由_____传动带通过电磁离合器带动，而纯电动汽车采用电动压缩机，电动压缩机由_____提供高压电驱动。

2）在自动空调系统的工作原理中，液态制冷剂流经膨胀阀时，温度和压力降低，并进入_____。

3）通过制冷剂在系统内的循环，不断地吸收车内空气的热量并排到车外空气中，使车内空气的_____逐渐下降。

4）空调控制器是自动空调系统中的电控单元，可以控制纯电动汽车的_____、_____、通风、除霜以及_____。

二、判断题

1）纯电动汽车使用冷暖空调会导致续驶里程大为下降。　　　　（　　）

2）电加热器只有高压电路。　　　　　　　　　　　　　　　　（　　）

三、简答题

简述阳光传感器的工作原理。

项目六

新能源汽车电池热管理系统的检修

新能源汽车电池热管理系统的检修主要包括两个学习任务：电池冷却系统的检修、电池加热系统的检修。

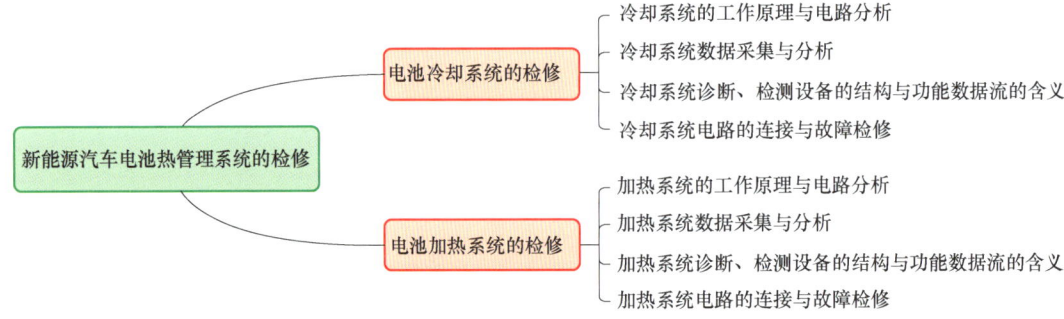

吉利帝豪 EV450 装备的是宁德时代三元锂电池，采用 ITCS 2.0 电池智能热管理系统，能有效保证车辆在环境温度 –30~50℃之间实现正常、高效的充电和行驶，较好地满足了电池、电机的冷却和加热需求。

动力蓄电池最佳的工作温度为 25℃左右，但动力蓄电池工作电流大，产热量大，同时处于一个相对封闭的环境中，这会导致动力蓄电池温度上升，同时，在低温下充电及行驶，将导致动力蓄电池性能下降。因此，吉利帝豪 EV450 基于 ITCS 电池智能热管理系统，通过引入外部暖风、空调及电机等外部热源、冷源，实现低能耗热管理控制，增加车辆续驶里程。

任务一　电池冷却系统的检修

【学习目标】

◎ 知识目标：

1）掌握新能源汽车电池冷却系统的工作原理。

2）掌握新能源汽车电池冷却系统的故障诊断流程与注意事项。

◎ 技能目标：

1）具备正确使用新能源汽车电气故障诊断常用工具的能力。

2）具备依据维修手册，对电池冷却系统进行故障诊断与排除的能力。

◎ 素养目标：

1）培养学生在操作过程中树立高压安全意识。

2）培养学生对待工作一丝不苟、精益求精的工匠精神。

3）培养学生的创新意识和能力。

【任务描述】

一辆吉利帝豪 EV450，在运行过程中，冷却风扇低速档不运转。

【获取信息】

一、运行冷却

1. 驱动电机及电控单元冷却

车辆在运行过程中，MCU、DC/DC 变换器、驱动电机是车辆运行中的功率输出单元。MCU 将 DC 346V 电压通过大功率晶体管、内部变压器等转换为车辆所用的 AC 346V 电压，为驱动电机提供电能。驱动电机将 MCU 转化的 AC 346V 的电能转化为机械能，驱动车辆运行。DC/DC 变换器将 DC 346V 电压转换为车辆所用的 DC 12V 电压。在这些变压器、大功率晶体管和电机绕组工作过程中，有一部分电能或磁能会转化为热能，聚集在这些功率元器件上，会致使元器件温度升高。

如果这些元器件工作时不将热量散发出去，将导致元器件温度过高而损坏，甚至发生火灾。因此，车辆为保证安全运行设计了一套热管理系统，以控制、稳定运行过程中的元器件温度，防止发生事故。图 6-1 所示为驱动电机及电控单元运行冷却循环控制图，虚线表示为驱动电机及电控单元冷却时冷却液流动方向。

驱动电机及电控单元冷却循环包含水泵（电机）、MCU、DC/DC 变换器、OBC、驱动电机、散热器、冷却液循环管、储液罐等元件。控制系统包含 VCU、冷却风扇、冷却风扇继电器、温度传感器（MCU 内部）。

驱动电机及电控单元热管理由 VCU 控制，在充电过程中，MCU 根据内部温度传感器，实时监测 MCU 功率转换元件的工作温度，如果超过预设的阈值（大于或等于 45℃）时，起动水泵，对冷却液加压，冷却液在 MCU、DC/DC 变换器、OBC、驱动电机、散热器之间进行循环，对电控单元及驱动电机进行冷却降温。

冷却风扇控制：当温度大于或等于 45℃时，冷却风扇低速运转，当温度大于或等于 78℃时，冷却风扇高速运转。

> **头脑风暴：**
>
> 如果温度大于或等于 78℃时，冷却风扇高速不运转，对动力蓄电池有什么影响？

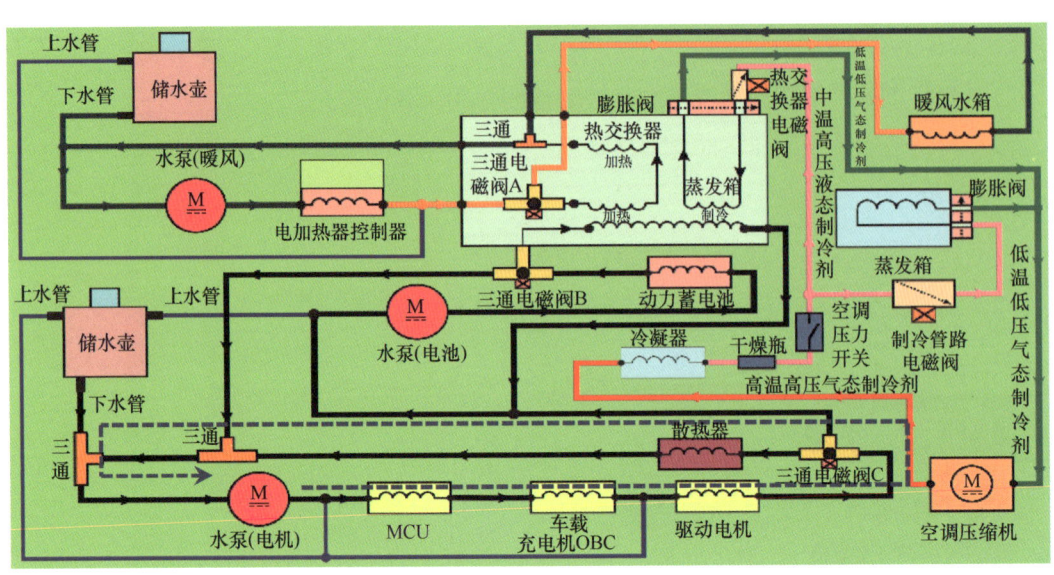

图 6-1 驱动电机及电控单元运行冷却循环控制图

2. 动力蓄电池冷却

在车辆运行过程中，动力蓄电池温度上升，如不加以控制，将严重影响其性能，甚至发生火灾事故。因此，BMS 检测动力蓄电池温度，当动力蓄电池温度高于预设的阈值时（38℃），BMS 发出动力蓄电池冷却请求信号至 VCU、空调控制单元和空调压缩机控制单元。空调控制单元控制三通电磁阀 B 打开热交换器冷却通道，水泵（电池）起动工作，同时，空调压缩机控制单元关闭制冷管路电磁阀，打开热交换器电磁阀，空调压缩机起动，制冷剂流入热交换器，降低动力蓄电池内部流出的冷却液温度，再通过水泵（电池）进入动力蓄电池箱内部冷却管路，形成冷却循环，降低动力蓄电池温度。

图 6-2 所示为热循环控制电路原理图。BMS 检测到动力蓄电池温度超过 38℃时，将动力蓄电池冷却请求信号通过 P-CAN 的 CA69/3、CA69/4 端子发送至 VCU 的 CA66/8、CA66/7 端子，VCU 接收到动力蓄电池冷却请求信号后，通过 V-CAN 的 CA66/22、CA66/23 端子，发送动力蓄电池冷却请求至空调控制器的 IP85/4、IP85/5 端子，空调控制器接收到动力蓄电池冷却信号后，内部通过 IP86a/25 端子将至热管理继电器端子 2 间的电路搭铁，热管理继电器工作，为水泵（电池）提供电源。同时为热交换器电磁阀、制冷管路电磁阀、水泵（暖风）、三通电磁阀 A、三通电磁阀 B、三通电磁阀 C、电加热器提供电源。

空调控制器再通过 LIN 总线的 IP85/3 端子发送数据至三通电磁阀 B、三通电磁阀 C，三通电磁阀 B 关闭至回水管三通的水道，打开至热交换器的水道。三通电磁阀 C 关闭至水泵（电机）的水道，打开散热器水道。同时水泵（电池）通过 IP86a/6 端子输出 PWM 信号控制水泵运转。

空调控制器检测空调开关（AC）是否开启，如果没有开启，空调控制器通过 IP86a/18 端子关闭制冷管路电磁阀，切断驾驶室蒸发箱制冷剂的流通通道，通过 IP85/25 端子打开热交换器电磁阀，接通热交换器内制冷剂的流通通道。

项目六 新能源汽车电池热管理系统的检修

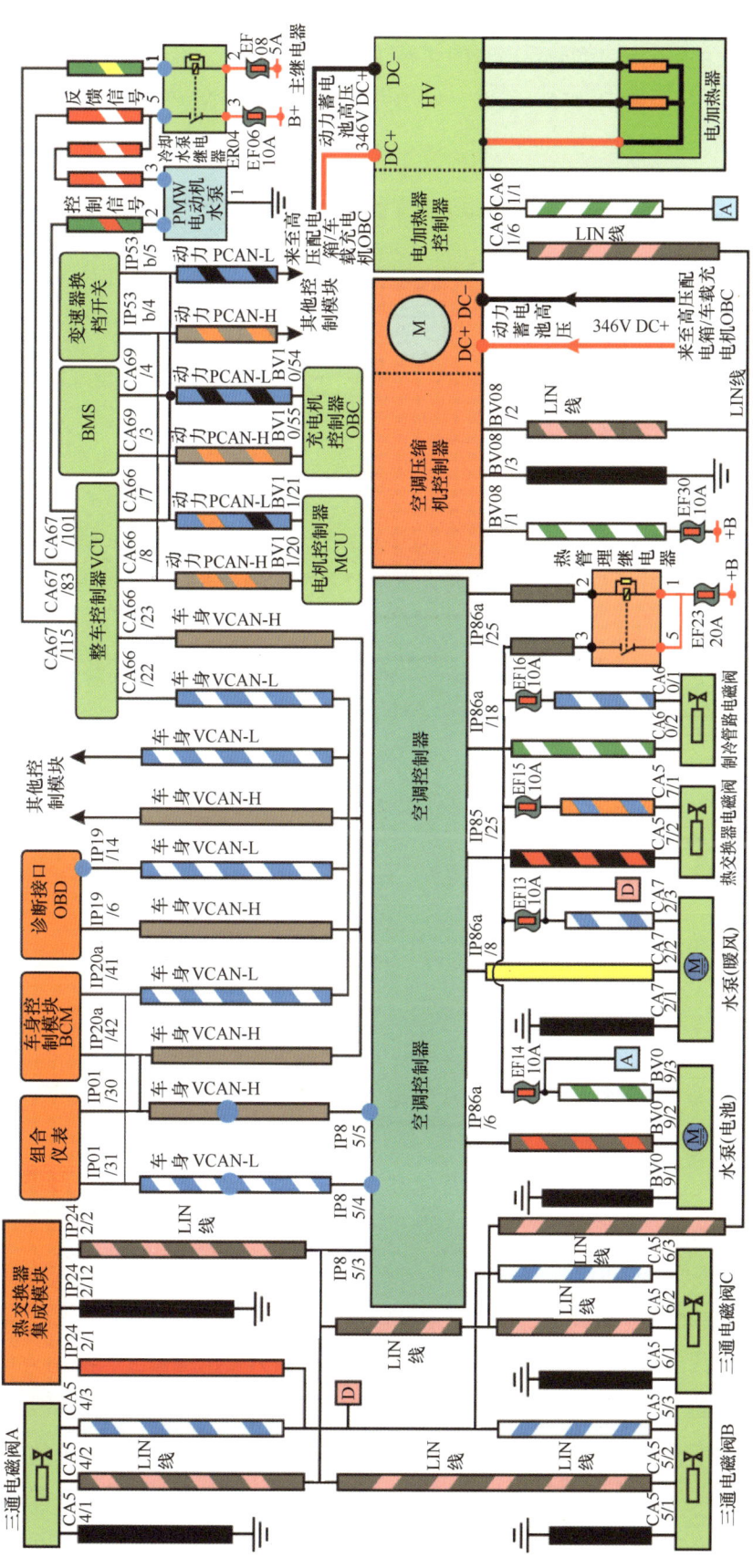

图 6-2 热循环控制电路原理图

空调控制器再通过 LIN 总线的 IP85/3 端子，发送空调起动请求信号至空调压缩机控制器 BV08/2 端子，空调压缩机控制器接收到此信号后起动空调压缩机，制冷剂循环至热交换器，将动力蓄电池内部循环出来的高温冷却液温度降低，再通过水冷水泵（电池）加压后进入动力蓄电池箱内部冷却管路，对动力蓄电池进行降温。如图 6-3 所示，虚线所指的路径为运行冷却循环系统。

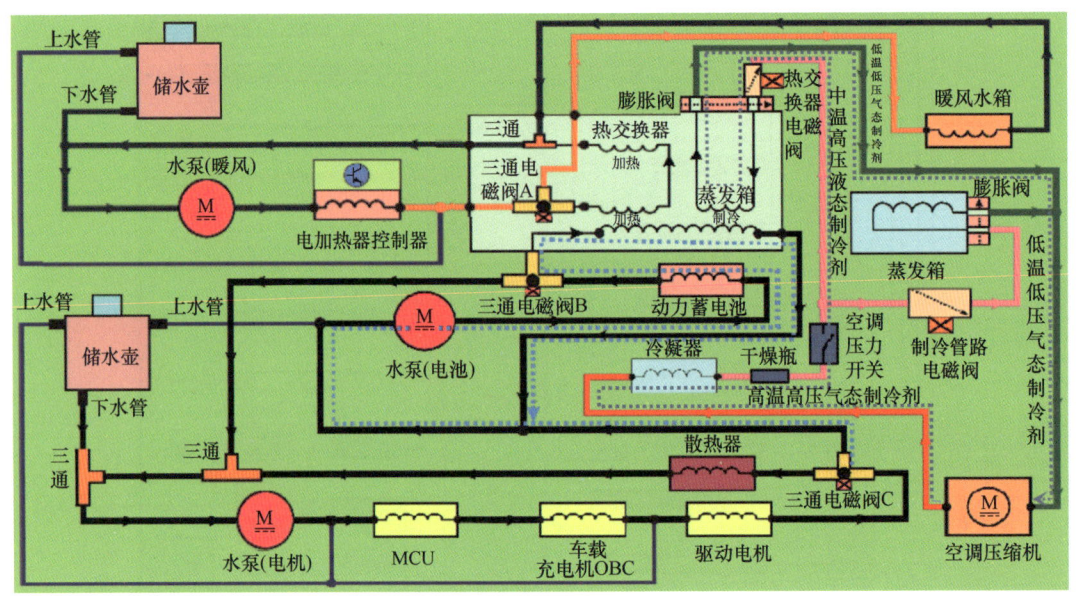

图 6-3　运行冷却循环控制图

BMS 检测到动力蓄电池温度低于 32℃时。BMS 通过动力 P-CAN 发送冷却关闭信息，空调控制器通过 V-CAN 接收到此信号后，关闭空调压缩机、水泵（电池），运行冷却过程结束。

二、充电冷却

（1）慢充模式　当动力蓄电池温度高于 38℃时，水冷开启；低于 32℃时，水冷关闭。

（2）快充模式　当动力蓄电池温度高于 32℃时，水冷开启；低于 28℃时，水冷关闭。

如图 6-4 所示，左边虚线为冷却液流动方向，右边虚线为空调制冷剂流动方向。

在车辆快、慢充电过程中，动力蓄电池温度上升，如果不加以控制，将严重影响动力蓄电池性能，甚至发生火灾事故。因此 BMS 会检测动力蓄电池温度，当动力蓄电池温度高于预设的阈值时，BMS 发出动力蓄电池冷却请求信号至空调控制单元和空调压缩机控制单元。空调控制单元控制三通电磁阀 B 打开热交换器冷却通道，水泵（电池）起动工作，同时，空调压缩机控制单元关闭制冷管路电磁阀，打开热交换器电磁阀，空调压缩机起动，制冷剂流入热交换器，降低动力蓄电池内部流出的冷却液温度，再通过水泵（电池）进入动力蓄电池箱内部冷却管路，形成冷却循环，降低动力蓄电池温度。

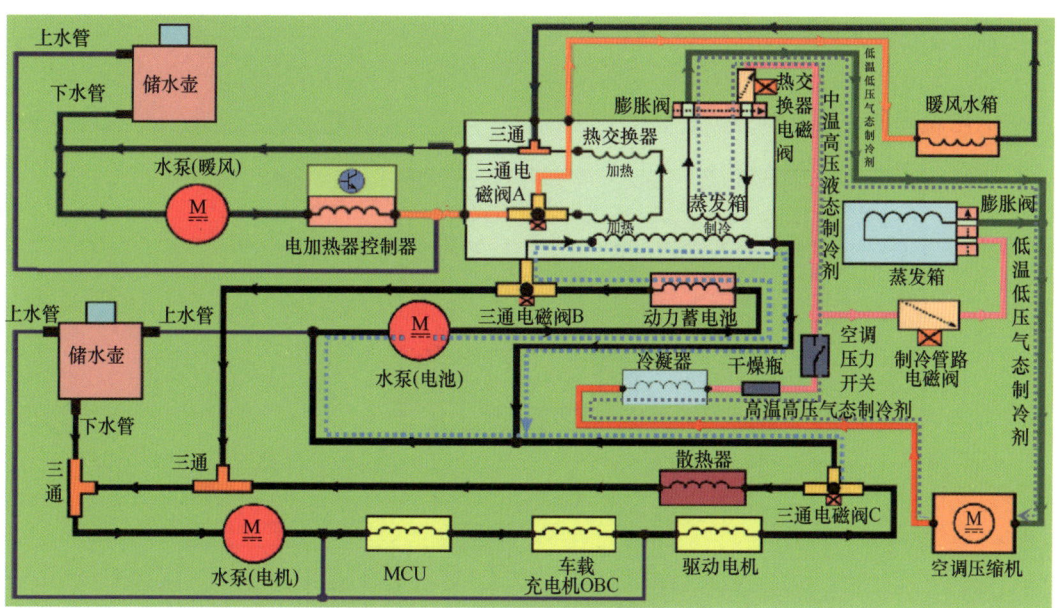

图 6-4　充电冷却循环控制图

在车辆快、慢充电过程中，BMS 会检测动力蓄电池温度，当动力蓄电池温度高于预设的阈值时，将动力蓄电池冷却请求信号通过动力 P-CAN 的 CA69/3、CA69/4 端子，发送至 VCU 的 CA66/8、CA66/7 端子，VCU 接收到动力蓄电池冷却请求信号后，通过 V-CAN 的 CA66/22、CA66/23 端子，发送动力蓄电池冷却请求至空调控制器的 IP85/4、IP85/5 端子，空调控制器接收到动力蓄电池冷却信号后，内部通过 IP86a/25 端子将至热管理继电器端子 2 间的电路搭铁，热管理继电器工作，为水泵（电池）提供电源。同时为热交换器电磁阀、制冷管路电磁阀、水泵（暖风）、三通电磁阀 A、三通电磁阀 B、三通电磁阀 C、电加热器提供电源。

空调控制器再通过 LIN 总线的 IP85/3 端子发送数据至三通电磁阀 B、三通电磁阀 C，三通电磁阀 B 关闭至回水管三通的水道，打开至热交换器的水道。三通电磁阀 C 关闭至水泵（电机）的水道，打开散热器水道。同时水泵（电池）通过 IP86a/6 端子输出 PWM 信号控制水泵运转。

空调控制器检测空调开关（AC）是否开启，如果没有开启，空调控制器通过 IP86a/18 端子关闭制冷管路电磁阀，切断驾驶室蒸发箱制冷剂的流通通道，通过 IP85/25 端子打开热交换器电磁阀，接通热交换器内制冷剂的流通通道。

空调控制器再通过 LIN 总线的 IP85/3 端子，发送空调起动请求信号至空调压缩机控制器 BV08/2 端子，空调压缩机控制器接收到此信号后起动空调压缩机，制冷剂循环至热交换器，将动力蓄电池内部循环出来的高温冷却液温度降低，再通过水泵（电池）加压后进入动力蓄电池箱内部冷却管路，对动力蓄电池进行降温。

BMS 检测到动力蓄电池温度低于预设值时，BMS 通过 P-CAN 发送水冷关闭信号，空调控制器通过 V-CAN 接收到此信号后，关闭空调压缩机、水泵（电池），充电冷却过程结束。

三、诊断流程

1. 电路简图（见图 6-5）

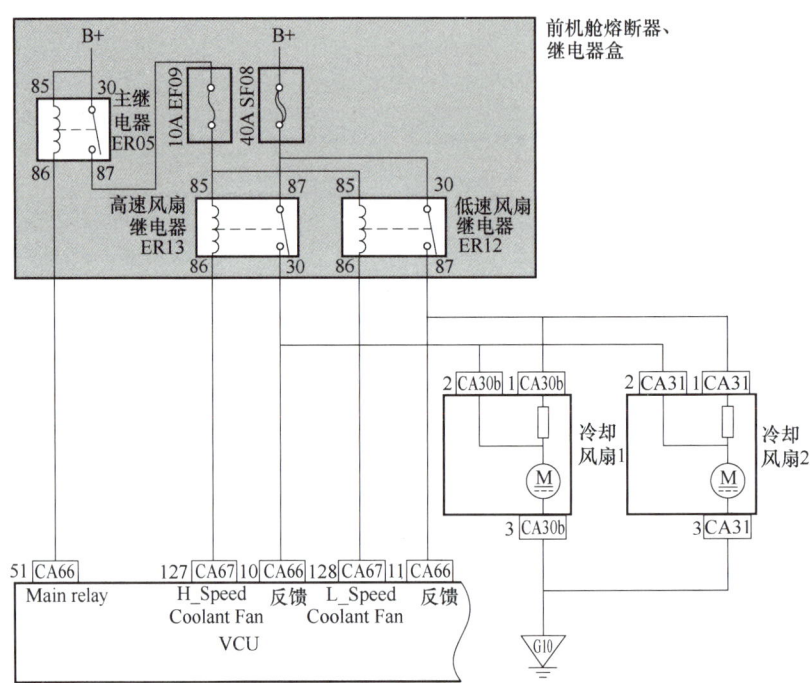

图 6-5 电池冷却系统电路简图

> **温馨提示：**
>
> 新能源汽车动力蓄电池的性能和其温度密切相关，在环境温度 25℃ 左右时工作状态最佳，在环境温度 –30~55℃ 之间能正常运行。动力蓄电池在工作中会产生大量热量，如不加以控制，将导致动力蓄电池组内部化学结构极不稳定，甚至造成大的安全事故。为了延长动力蓄电池的使用寿命并获得最大功率，动力蓄电池单元都装有电池冷却系统。电池冷却系统"兢兢业业"地工作，确保动力蓄电池能在较为理想的温度下运行。
>
> 中华民族历来有"敬业乐群""忠于职守"的传统，汽车维修人员应继承中华传统美德，敬业、乐业、爱业，对待工作一丝不苟、精益求精，逐渐成长为岗位能手、技能大师。

2. 诊断步骤

扫一扫

冷却风扇不工作故障诊断

步骤 1	检查 VCU 熔断器 EF09、SF08 是否正常。

1）起动开关置于"OFF"状态。

2）拔下熔断器 EF09，检查熔断器是否熔断，熔断器额定容量为 10A。

3）拔下熔断器 SF08，检查熔断器是否熔断，熔断器额定容量为 40A。

 否  是 ➡ 检修熔断器电路，更换额定容量的熔断器。

步骤 2	检查冷却风扇低速继电器是否正常。

1）起动开关置于"OFF"状态。

2）用相同型号的继电器取代冷却风扇低速继电器。

3）确认故障是否排除。

  更换相同规格的继电器。

| 步骤 3 | 检查 VCU 电源、接地之间的电压是否正常。 |

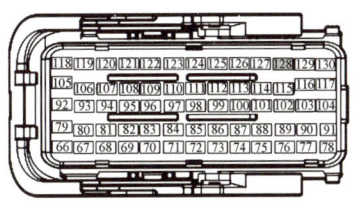

1）起动开关置于"OFF"状态。

2）断开 VCU 线束插接器 CA67（见图 6-6）。

3）起动开关置于"ON"状态。

4）用万用表测量 VCU 线束插接器 CA67/128 端子与可靠接地之间的电压。电压标准值为 11~14V。

5）确认测量值是否符合标准。

图 6-6　VCU 线束插接器 CA67

 修理或更换线束。

| 步骤 4 | 检查冷却风扇接地电路是否正常。 |

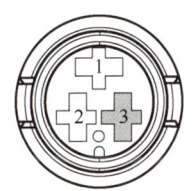

图 6-7　冷却风扇 1 线束插接器 CA30b（端子 3）

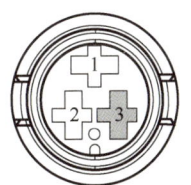

图 6-8　冷却风扇 2 线束插接器 CA31（端子 3）

1）起动开关置于"OFF"状态。

2）断开主散热器冷却风扇 1 线束插接器 CA30b（见图 6-7）。

3）断开主散热器冷却风扇 2 线束插接器 CA31（图 6-8）。

4）用万用表测量主散热器冷却风扇 1 线束插接器 CA30b/3 端子和车身可靠接地之间的电阻，标准电阻为小于 1Ω。

5）用万用表测量主散热器冷却风扇 2 线束插接器 CA31/3 端子和车身可靠接地之间的电阻，标准电阻为小于 1Ω。

6）确认测量值是否符合标准。

  修理或更换线束。

| 步骤 5 | 检查冷却风扇电源、接地之间的电压是否正常。 |

1）起动开关置于"OFF"状态。

2）断开冷却风扇 1 线束插接器 CA30b（见图 6-9）。

3）断开冷却风扇 2 线束插接器 CA31（见图 6-10）。

4）起动开关置于"ON"状态。

5）连接故障诊断仪，执行冷却风扇低速运转动作测试。

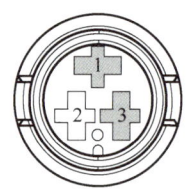 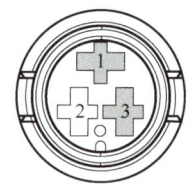

图 6-9　冷却风扇 1 线束插接器 CA30b（端子 1、3）　　图 6-10　冷却风扇 2 线束插接器 CA31（端子 1、3）

6）同时用万用表测量冷却风扇 1 线束插接器 CA30b/1、3 端子之间的电压值，电压标准值为 11~14V。

7）同时用万用表测量冷却风扇 2 线束插接器 CA31/1、3 端子之间的电压值，电压标准值为 11~14V。

8）确认测量值是否符合标准。

 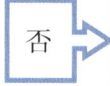 更换冷却风扇。

步骤 6	检查冷却风扇低速继电器与冷却风扇之间的电路是否正常。

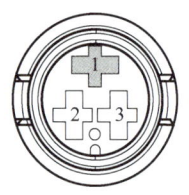

图 6-11　冷却风扇 1 线束插接器 CA30b（端子 1）

1）起动开关置于"OFF"状态。

2）断开冷却风扇 1 线束插接器 CA30b（见图 6-11）。

3）拆卸冷却风扇低速继电器 ER12。

4）用万用表测量冷却风扇 1 线束插接器 CA30b/1 端子和冷却风扇低速继电器 ER12 端子 87（线束端）之间的电阻，标准电阻为小于 1Ω。

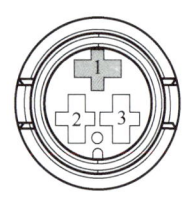

图 6-12　冷却风扇 2 线束插接器 CA31（端子 1）

5）用万用表测量冷却风扇 2 线束插接器 CA31/1 端子（见图 6-12）和冷却风扇低速继电器 ER12 端子（线束端）之间的电阻，标准电阻为小于 1Ω。

6）确认测量值是否符合标准。

  修理或更换线束。

步骤 7	检查冷却风扇低速继电器与 VCU 之间的电路是否正常。

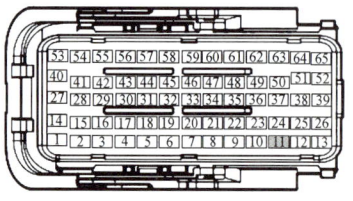

图 6-13　VCU 线束插接器 CA66

1）起动开关置于"OFF"状态。

2）断开 VCU 线束插接器 CA66（见图 6-13）。

3）拆卸冷却风扇低速继电器 ER12。

4）用万用表测量 VCU 线束插接器 CA66/11 端子和冷却风扇低速继电器 ER12 端子 87（线束端）之间的电阻。标准电阻为小于 1Ω

5）确认测量值是否符合标准。

是 否 ▶ 修理或更换线束。

步骤 8	更换 VCU。

1）起动开关置于"OFF"状态。

2）断开辅助蓄电池负极电缆。

3）更换 VCU。

4）确认故障排除。

步骤 9	诊断结束。

【学习任务单】

电池冷却系统的检修	学习任务单	班级：
		姓名：

1）吉利帝豪 EV450 装备的是宁德时代三元锂电池，采用_____热管理系统，能有效保证车辆在环境温度_____之间实现正常、高效的充电和行驶，较好地满足了电池、电机的冷却和加热需求。

2）车辆在运行过程中，MCU、_____、_____是车辆运行中的功率输出单元。

3）在横线上写出图中所指部件的名称。

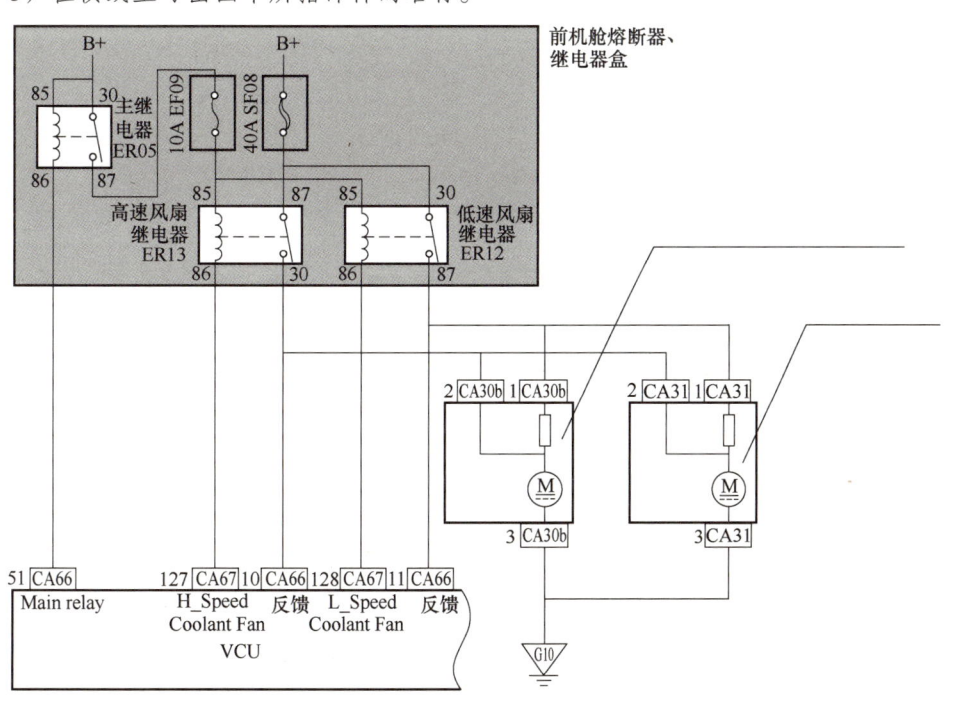

新能源汽车电气技术

【任务实施】 电池冷却系统的检修

◎ 实训器材：

吉利帝豪 EV450、故障诊断仪、常用工具和维修手册等。

◎ 作业准备：

检查车辆运行状况，车辆在工位停放周正，铺好车内和车外护套。

◎ 操作步骤：

扫一扫

水冷水泵不转故障诊断

一、确认故障现象

冷却风扇低速档不运转。

二、利用故障诊断仪诊断故障

温馨提示：
最好使用原厂原车诊断仪器进行诊断。

连接故障诊断仪，读取故障码和数据流。车辆下电后，清除故障码，车辆再次上电，使用故障诊断仪再次读取故障码并和之前的故障码进行对比，分析故障码的性质。

三、故障检测

序号	操作示意图	操作方法	操作标准
1		检查 VCU 熔断器 EF09、SF08	拔下熔断器 EF09 检查熔断器是否熔断。拔下熔断器 SF08 检查熔断器是否熔断
2		起动开关置于"OFF"状态。用相同型号的继电器取代冷却风扇低速继电器	检查冷却风扇低速继电器，确认故障是否排除

146

项目六　新能源汽车电池热管理系统的检修

（续）

序号	操作示意图	操作方法	操作标准
3		起动开关置于"OFF"状态。断开VCU线束插接器CA67。起动开关置于"ON"状态。用万用表测量VCU线束插接器CA67/128端子与可靠接地之间的电压	电压标准值为11~14V
4	 	检查冷却风扇接地电路。用万用表测量冷却风扇1线束插接器CA30b/3端子和车身可靠接地之间的电阻；再用万用表测量冷却风扇2线束插接器CA31/3端子和车身可靠接地之间的电阻	标准电阻为小于1Ω
5	  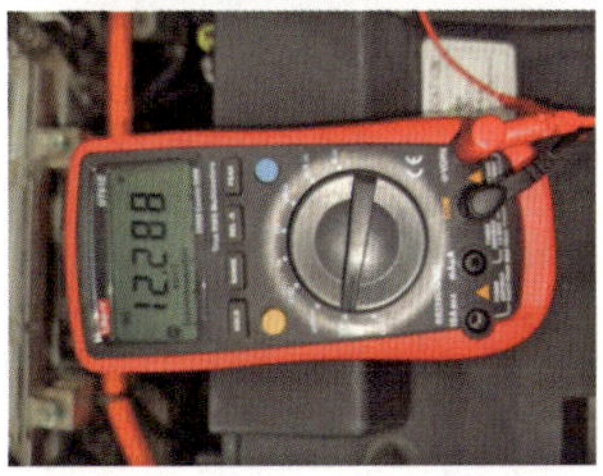	检查冷却风扇电源、接地之间的电压。连接故障诊断仪，执行冷却风扇低速运转动作测试。同时用万用表测量冷却风扇线束插接器CA30b/1、3端子之间的电压值与CA31/1、3端子之间的电压值	电压标准值均为11~14V
6	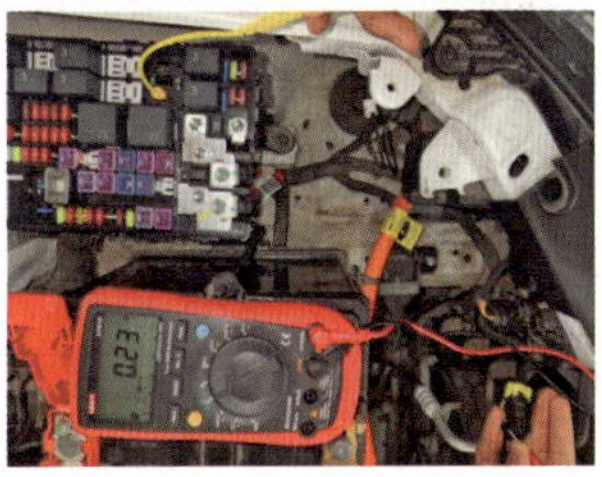	用万用表测量冷却风扇线束插接器CA30b/1端子和冷却风扇低速继电器ER12端子87（线束端）之间的电阻，以及CA31/1端子和冷却风扇低速继电器ER12端子87（线束端）之间的电阻	标准电阻均小于1Ω

147

(续)

序号	操作示意图	操作方法	操作标准
7		检查冷却风扇低速继电器与VCU之间的电路。用万用表测量VCU线束插接器CA66/11端子和冷却风扇低速继电器ER12端子87（线束端）之间的电阻	标准电阻为小于1Ω

竞赛小知识：

完成诊断修理后，某些DTC需要将起动开关旋至关闭位置，然后旋回打开位置之后，诊断仪器功能才会将其清除。

四、竣工检验

1）起动车辆，验证电池冷却系统是否正常工作。

2）整理、恢复作业场地。

【工作任务单】

电池冷却系统的检修		工作任务单	班级：	
			姓名：	
1. 车辆信息记录				
品牌		整车型号		生产年月	
驱动电机型号		动力蓄电池电量		行驶里程	
车辆识别代号					
2. 作业场地准备				
检查设置隔离栏				□是 □否
检查设置安全警示牌				□是 □否
检查灭火器压力、有效期				□是 □否
安装车辆挡块				□是 □否
3. 记录故障现象				

（续）

4. 使用故障诊断仪读取故障码、数据流	
故障码	
数据流	
5. 绘制相关电路图	

6. 故障检测

检测对象	检测条件	检测值	标准值	结果判断

7. 故障确认

故障点	故障类型	维修措施

8. 竣工检验

车辆电池冷却系统功能是否正常	□是 □否

9. 作业场地恢复

拆卸车内三件套	□是 □否
拆卸翼子板布	□是 □否
将高压警示牌等放至原位置	□是 □否
清洁、整理场地	□是 □否

【课证融通考评单】

电池冷却系统的检修			实习日期：			
姓名：	班级：		学号：		教师签名：	
自评：□熟练 □不熟练	互评：□熟练 □不熟练		师评：□合格 □不合格			
日期：	日期：		日期：			

电池冷却系统的检修【评分细则】

序号	评分项	得分条件	分值	评分要求	自评	互评	师评
1	安全/7S/态度	□1）能进行工位 7S 操作 □2）能进行设备和工具安全检查 □3）能进行车辆安全防护操作 □4）能进行工具清洁、校准、存放操作 □5）能进行三不落地操作	15	未完成1项扣3分，扣分不得超过15分	□熟练 □不熟练	□熟练 □不熟练	□合格 □不合格
2	专业技能能力	□1）能正确地确认故障现象 □2）能规范地拆卸 VCU 线束插接器 CA67 □3）能正确地测量 VCU 线束插接器 CA67/128 端子与可靠接地之间的电压 □4）能正确地检查冷却风扇接地电路 □5）能正确地测量冷却风扇线束插接器 CA30b/1、3 端子之间的电压值 □6）能正确地检查熔断器 ER12 □7）能确认电池冷却系统故障部位 □8）能规范地修复电池冷却系统故障部位 □9）能规范地验证电池冷却系统的功能	50	未完成1项扣6分，扣分不得超过50分	□熟练 □不熟练	□熟练 □不熟练	□合格 □不合格
3	工具及设备的使用能力	□1）能正确地使用故障诊断仪 □2）能正确地使用万用表	10	未完成1项扣3分	□熟练 □不熟练	□熟练 □不熟练	□合格 □不合格
4	资料、信息查询能力	□1）能正确地查询线束插接器端子含义 □2）能正确地使用维修手册查询资料 □3）能正确地记录所需维修信息	10	未完成1项扣3分	□熟练 □不熟练	□熟练 □不熟练	□合格 □不合格
5	数据判断和分析能力	□1）能判断电池冷却系统是否正常 □2）能判断冷却风扇供电是否正常 □3）能判断冷却风扇接地电路是否正常 □4）能判断电池冷却系统数据通信是否正常	10	未完成1项扣3分，扣分不得超过10分	□熟练 □不熟练	□熟练 □不熟练	□合格 □不合格
6	表单填写报告的撰写能力	□1）字迹清晰 □2）语句通顺 □3）无错别字 □4）无涂改 □5）无抄袭	5	未完成1项扣1分，扣分不得超过5分	□熟练 □不熟练	□熟练 □不熟练	□合格 □不合格

总分：

任务二　电池加热系统的检修

◎ **知识目标：**

1）掌握新能源汽车电池加热系统的工作原理。
2）掌握新能源汽车电池加热系统的故障诊断流程与注意事项。

◎ **技能目标：**

1）具备使用新能源汽车电气故障诊断常用工具的能力。
2）具备依据维修手册，对电池加热系统进行故障诊断与排除的能力。

◎ **素养目标：**

1）培养学生在操作过程中树立高压安全意识。
2）培养学生良好的思想品德修养和职业道德素养。
3）培养学生的语言表达能力、组织协调能力和人际沟通能力。

一辆吉利帝豪 EV450，在低温条件下充电，发现电加热器不能正常工作。

一、运行预热

在运行放电模式下，当动力蓄电池温度低于 0℃时加热开启，高于 3℃时加热关闭。图 6-14 中虚线所指为运行预热循环系统。运行预热引入电机、电控部分工作时所产生的热源，驱动电机只要运转就会产生热量，这个发热源不仅效率比电加热器要高很多，并且还不用额外消耗任何动力蓄电池电量。因此将电机、电控系统运转时产生的热量，由冷却液作为介质，通过接通后的阀体将热量传递给动力蓄电池。这样，既能够给动力蓄电池快速加温，又不额外消耗动力蓄电池电量。当动力蓄电池温度达到标定值，阀体就会断开连接。断开后的电机、电控系统，与动力蓄电池的温控系统恢复各自独立运行。

BMS 将动力蓄电池预热请求信号通过动力 P-CAN 的 CA69/3、CA69/4 端子，发送至 VCU 的 CA66/8、CA66/7 端子，VCU 接收到动力蓄电池预热请求信号后，内部控制 CA67/115 端子至水泵（电机）冷却继电器 1 的电路搭铁，继电器工作，为水泵（电机）提供电源，VCU 的 CA67/101 端子根据当前的温度信号输出 PWM 占空

想一想：

在运行放电模式下，为什么不采用电加热器制热？

_____
_____
_____

比信号，控制水泵运转速度。占空比越大，水泵转速越高，反之，水泵转速越低。被电机、电控部分加热的冷却液开始流动至三通电磁阀 C 位置。VCU 同时通过 CA67/83 端子返回的信号检测和判断水泵的工作状态，实现闭环控制。

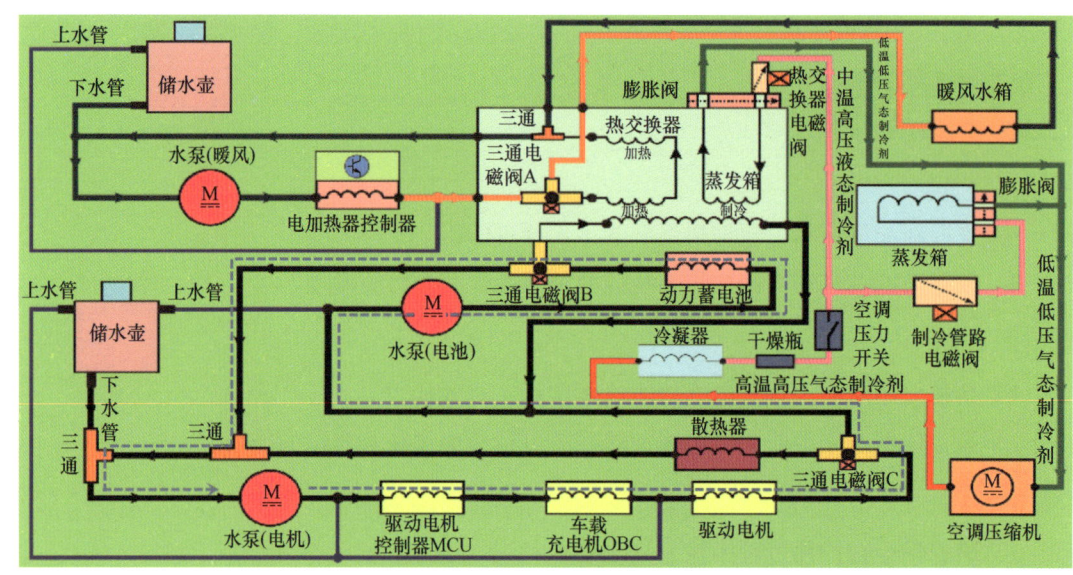

图 6-14　运行预热循环系统

头脑风暴：

BMS 是如何将动力蓄电池温度预热请求信号发送给 ECU 的？
_____
_____
_____
_____

同时，VCU 通过 V-CAN 的 CA66/22、CA66/23 端子，发送动力蓄电池预热请求至空调控制器的 IP85/4、IP85/5 端子，空调控制器接收到预热信号后，通过 LIN 总线的 IP85/3 端子发送数据至三通电磁阀 B、三通电磁阀 C。三通电磁阀 B 打开至回水管三通的水道，三通电磁阀 C 打开至水泵（电机）的水道，关闭散热器水道。同时空调控制器起动水泵（电池）工作，电机、电控部分加热的冷却液开始流动至动力蓄电池箱内部冷却管路，为动力蓄电池预热。

二、充电预热

在低温条件下充电时，BMS 因动力蓄电池内部温度低而对充电电流进行限制，只能在十几安甚至几安的状态下低速充电。在经过较长时间的低速充电后，单体蓄电池自然升温，充电电流才缓慢提高，这使充电时间过长。特别是给没有预加温功能的纯电动汽车进行快速充电时，电流长时间徘徊在较低的数值，单体蓄电池只能靠充电时产生的热量自然升温，使充电等待时间被拉长。

吉利帝豪 EV450 配置有充电前的预热方案，在连接充电桩之后如果环境温度过低，那么会先对动力蓄电池进行预加温。当动力蓄电池内部温度迅速达到合适的数值后，再起动对动力蓄电池组的快速充电。这样可减少充电时间，同时还避免低温状态下快充对单体蓄电池可能造成的伤害。

1）慢充电模式：当动力蓄电池温度低于 0℃时加热开启，高于 3℃时加热关闭。

2）快充电模式：当动力蓄电池温度低于 10℃时加热开启，高于 12℃时加热关闭。

图 6-15 所示为充电预热循环控制图，上部虚线为电加热器的冷却液流动方向，下部虚线为动力蓄电池内冷却液的流动方向。

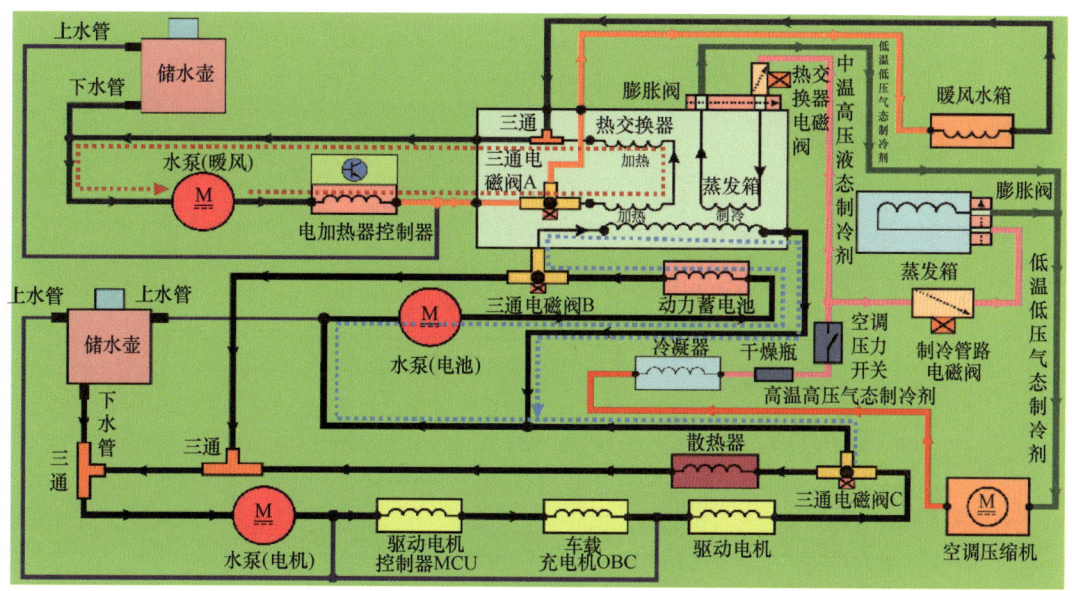

图 6-15　充电预热循环控制图

连接慢充或快充充电枪时，BMS 检测到动力蓄电池温度低于预设的阈值时，将动力蓄电池预热请求信号通过动力 P-CAN 的 CA69/3、CA69/4 端子，发送至 VCU 的 CA66/8、CA66/7 端子，VCU 接收到动力蓄电池预热请求信号后，通过 V-CAN 的 CA66/22、CA66/23 端子，发送动力蓄电池预热请求至空调控制器的 IP85/4、IP85/5 端子，空调控制器接收到动力蓄电池预热信号后，内部通过 IP86a/25 端子将至热管理继电器端子 2 间的电路搭铁，热管理继电器工作，为水冷水泵（电池）提供电源。同时为热交换器电磁阀、制冷管路电磁阀、水泵（暖风）、三通电磁阀 A、三通电磁阀 B、三通电磁阀 C 和电加热器提供电源。

空调控制器再通过 LIN 总线的 IP85/3 端子，发送数据至三通电磁阀 A、三通电磁阀 B 和三通电磁阀 C，三通电磁阀 A 关闭至暖风水箱的水道，打开至热交换器的水道。三通电磁阀 B 关闭至回水管三通的水道，打开至热交换器的水道。三通电磁阀 C 关闭至电机和电控单元的水道。同时空调控制器通过 IP86a/6 端子控制水泵（电池）运转，通过 IP86a/8 端子输出 PWM 信号控制水泵（暖风）运转。

在热交换器内部，被加热后的冷却液流入动力蓄电池，为低温的动力蓄电池进行加热。慢充时，当动力蓄电池温度高于 3℃ 则加热关闭，充电开始；快充时，当动力蓄电池温度高于 12℃ 则加热关闭，充电开始。

温馨提示：

电池加热系统能够为动力蓄电池提供运行和充电预热，使温度快速达到标定值。而动力蓄电池具有木桶效应，即：电池系统的性能、可靠性取决于最弱的一个单体蓄电池，系统的安全性取决于最不稳定的一个单体蓄电池，这决定了电池温度一致性越好的动力蓄电池，越能发挥出最好的性能。因此，每个单体蓄电池在配备的 ITCS2.0 电池智能热管理系统的智能控制下，"团结合作"，才能使整个动力蓄电池达到最优使用性能。

对于汽车维修企业来说，团队成员的沟通合作也是非常重要的。积极树立团队合作意识，能够充分调动企业员工的积极性，更高效、高质量地为客户服务，促进企业文化发展，建立服务品牌，开创全心全意、优质服务新局面。

三、诊断流程

1. 电路简图

电池加热系统的电路简图如图 6-16 所示。

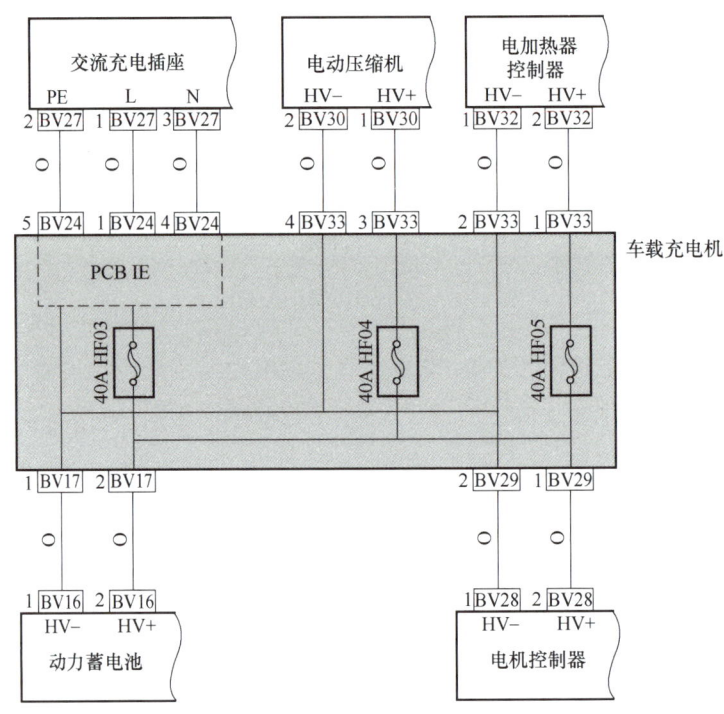

图 6-16 电池加热系统的电路简图

2. 诊断步骤

| 步骤 1 | 使用故障诊断仪读取故障码。 |

1）起动开关置于"ON"状态。

2）连接故障诊断仪，读取系统故障码。

3）确认系统是否存在其他故障码。

优先排除其他故障码指示的故障。

| 步骤 2 | 检查车载充电机熔断器是否熔断。 |

1）起动开关置于"OFF"状态。

2）断开辅助蓄电池负极电缆。

3）断开直流母线。

4）拆卸车载充电机上盖，用万用表测量车载充电机熔断器两端的电阻，标准电阻为小于1Ω。

5）确认测量值是否符合标准。

  修理或更换线束。

| 步骤 3 | 检查回路绝缘故障。 |

1）起动开关置于"OFF"状态。

2）断开电加热器线束插接器 BV32（见图 6-17）。

3）用兆欧表测量电加热器线束插接器 BV32/1 端子和车载充电机壳体之间的电阻，标准电阻为大于或等于 20MΩ。

4）用兆欧表测量电加热器线束插接器 BV32/2 端子和车载充电机壳体之间的电阻，标准电阻为大于或等于 20MΩ。

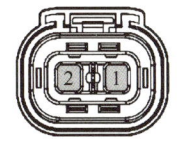

图 6-17　电加热器线束插接器 BV32

5）确认测量值是否符合标准。

  修理或更换线束。

| 步骤 4 | 检查回路断路故障。 |

1）起动开关置于"OFF"状态。

2）断开辅助蓄电池负极电缆。

3）断开直流母线线束插接器 BV16（见图 6-18）。

4）断开电加热器线束插接器 BV32。

5）用万用表测量直流母线线束插接器 BV16/1 端子和电加热器线束插接器 BV32/1 端子之间的电阻。电阻标准值为小于1Ω。

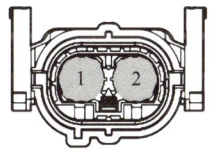

图 6-18　直流母线线束插接器 BV16

6）用万用表测量直流母线线束插接器 V16/2 端子和电加热器线束插接器 BV32/2 端子之间的电阻。电阻标准值为小于1Ω。

7）确认测量值是否符合标准。

  修理或更换线束。

| 步骤 5 | 检查回路相互短路故障。 |

1）起动开关置于"OFF"状态。

2）断开辅助蓄电池负极电缆。

3）断开直流母线。

4）断开电加热器线束插接器 BV32。

5）断开车载充电机的其他所有高压线束插接器。

6）用万用表测量电加热器线束插接器 BV32/1、2 端子之间的电阻，标准电阻为大于或等于 20MΩ。

7）确认测量值是否符合标准。

  修理或更换线束。

| 步骤 6 | 更换车载充电机。 |

1）起动开关置于"OFF"状态。

2）断开辅助蓄电池负极电缆。

3）断开直流母线。

4）更换车载充电机。

5）确认故障排除。

| 步骤 7 | 诊断结束。 |

【学习任务单】

电池加热系统的检修	学习任务单	班级： 姓名：

1）在运行放电模式下，当动力蓄电池温度低于_____℃时加热开启，高于_____℃加热关闭。

2）吉利帝豪 EV450 运行预热引入电机、电控部分工作时所产生的热源，_____只要运转就会产生热量，这个发热源不仅效率比_____要高很多，并且还不用额外消耗任何动力蓄电池_____。

3）在低温条件下充电时，BMS 因动力蓄电池内部温度低而对_____进行限制，只能在十几安甚至几安的状态下_____充电。在经过较长时间的低速充电后，单体蓄电池_____，充电电流才缓慢提高，这使充电时间_____。

4）吉利帝豪 EV450 配置有充电前的预热方案，在连接充电桩之后如果环境温度过低，那么会先对动力蓄电池进行_____。当动力蓄电池内部温度迅速达到合适的数值后，再起动对动力蓄电池组的_____。这样可减少充电时间，同时还避免低温状态下快充对单体蓄电池的可能_____。

【任务实施】 电池加热系统的检修

◎ 实训器材：

吉利帝豪 EV450、故障诊断仪、常用工具和维修手册等。

项目六　新能源汽车电池热管理系统的检修

◎ **作业准备：**

检查车辆运行状况，车辆在工位停放周正，铺好车内和车外护套。

◎ **操作步骤：**

一、确认故障现象

电加热器回路故障。

扫一扫

电加热器
不工作故障
诊断

二、利用故障诊断仪诊断故障

连接故障诊断仪，按下一键起动开关，读取故障码和数据流。车辆下电后，清除故障码，车辆再次上电后，使用故障诊断仪再次读取故障码并和之前的故障码进行对比，分析故障码的性质。

温馨提示：

在执行本诊断步骤之前，观察故障诊断仪的数据列表，分析各项数据的准确性，这样有助于快速排除故障！

三、故障检测

序号	操作示意图	操作方法	操作标准
1		检查车载充电机熔断器是否熔断。拆卸车载充电机上盖，用万用表测量车载充电机熔断器两端的电阻	标准电阻为小于1Ω
2		检查回路绝缘故障。用兆欧表测量电加热器线束插接器BV32/1端子和车载充电机壳体之间的电阻、BV32/2端子和车载充电机壳体之间的电阻	标准电阻为均大于或等于20MΩ

157

(续)

序号	操作示意图	操作方法	操作标准
3		检查回路断路故障。用万用表测量直流母线线束插接器 BV16/1 端子和电加热器线束插接器 BV32/1 端子之间的电阻、BV16/2 端子和电加热器线束插接器 BV32/2 端子之间的电阻	电阻标准值为均小于 1Ω
4		检查回路相互短路故障。用万用表测量电加热器线束插接器 BV32/1、2 端子之间的电阻	标准电阻为大于或等于 20MΩ

四、竣工检验

1）起动车辆，验证电池加热系统是否正常工作。
2）整理、恢复作业场地。

竞赛小知识：

有些充电设备在检测到搭铁电路异常后，不会关断 K1、K2 接触器工作电路，可以正常充电，但会通过充电设备上的指示灯来进行警示。

【工作任务单】

电池加热系统的检修	工作任务单	班级：
		姓名：

1. 车辆信息记录

品牌		整车型号		生产年月	
驱动电机型号		动力蓄电池电量		行驶里程	
车辆识别代号					

（续）

2. 作业场地准备	
检查设置隔离栏	□是 □否
检查设置安全警示牌	□是 □否
检查灭火器压力、有效期	□是 □否
安装车辆挡块	□是 □否
3. 记录故障现象	

4. 使用故障诊断仪读取故障码、数据流	
故障码	
数据流	
5. 绘制相关电路图	

6. 故障检测

检测对象	检测条件	检测值	标准值	结果判断

（续）

7. 故障确认

故障点	故障类型	维修措施

8. 竣工检验

车辆电池加热系统功能是否正常	□是 □否

9. 作业场地恢复

拆卸车内三件套	□是 □否
拆卸翼子板布	□是 □否
将高压警示牌等放至原位置	□是 □否
清洁、整理场地	□是 □否

【课证融通考评单】

电池加热系统的检修		实习日期：	
姓名：	班级：	学号：	教师签名：
自评：□熟练 □不熟练	互评：□熟练 □不熟练	师评：□合格 □不合格	
日期：	日期：	日期：	

电池加热系统的检修【评分细则】

序号	评分项	得分条件	分值	评分要求	自评	互评	师评
1	安全/7S/态度	□1）能进行工位 7S 操作 □2）能进行设备和工具安全检查 □3）能进行车辆安全防护操作 □4）能进行工具清洁、校准、存放操作 □5）能进行三不落地操作	15	未完成1项扣3分，扣分不得超过15分	□熟练 □不熟练	□熟练 □不熟练	□合格 □不合格
2	专业技能能力	□1）能正确地确认故障现象 □2）能规范地拆卸电加热线束插接器 BV32 □3）能正确地使用兆欧表测量电加热器线束插接器 BV32/1 端子和车载充电机壳体之间的电阻 □4）能正确地使用兆欧表测量电加热器线束插接器 BV32/2 端子和车载充电机壳体之间的电阻 □5）能正确地检查回路断路故障 □6）能正确地检查回路相互短路故障 □7）能确认电池加热系统故障部位 □8）能规范地修复电池加热系统故障部位 □9）能规范地验证电池加热系统功能	50	未完成1项扣6分，扣分不得超过50分	□熟练 □不熟练	□熟练 □不熟练	□合格 □不合格

(续)

序号	评分项	得分条件	分值	评分要求	自评	互评	师评
3	工具及设备的使用能力	□1）能正确地使用故障诊断仪 □2）能正确地使用万用表 □3）能正确地使用兆欧表	10	未完成1项扣3分	□熟练 □不熟练	□熟练 □不熟练	□合格 □不合格
4	资料、信息查询能力	□1）能正确地查询线束插接器端子含义 □2）能正确地使用维修手册查询资料 □3）能正确地记录所需维修信息	10	未完成1项扣3分	□熟练 □不熟练	□熟练 □不熟练	□合格 □不合格
5	数据判断和分析能力	□1）能判断电池加热系统是否正常 □2）能判断电加热器供电是否正常 □3）能判断电加热器回路是否正常 □4）能判断电池加热系统数据通信是否正常	10	未完成1项扣3分，扣分不得超过10分	□熟练 □不熟练	□熟练 □不熟练	□合格 □不合格
6	表单填写报告的撰写能力	□1）字迹清晰 □2）语句通顺 □3）无错别字 □4）无涂改 □5）无抄袭	5	未完成1项扣1分，扣分不得超过5分	□熟练 □不熟练	□熟练 □不熟练	□合格 □不合格

总分：

项目测评

一、填空题

1）吉利帝豪 EV450 慢充电模式：当动力蓄电池温度低于_____℃时加热开启，高于_____℃时加热关闭。

2）吉利帝豪 EV450 快充电模式：当动力蓄电池温度低于_____℃时加热开启，高于_____℃时加热关闭。

3）在车辆运行过程中，动力蓄电池温度上升，如不加以控制，将严重影响其性能，甚至发生火灾事故。因此，BMS 检测_____，当动力蓄电池温度高于_____，BMS 发出动力蓄电池_____至 VCU、空调控制单元和空调压缩机控制单元。

二、判断题

1）VCU 出现故障时，不会出现动力蓄电池剩余电量显示异常的情况。　　（　　）

2）仪表显示电池状态异常时，一般不能正常显示剩余电量等参数，这类故障都是 BMS 故障导致的。　　（　　）

3）BMS 故障就是指 BMS 供电异常和 BMS 通信故障。　　（　　）

三、简答题

简述动力蓄电池热管理系统的功能及分类。

项目七

新能源汽车整车电路故障的检修

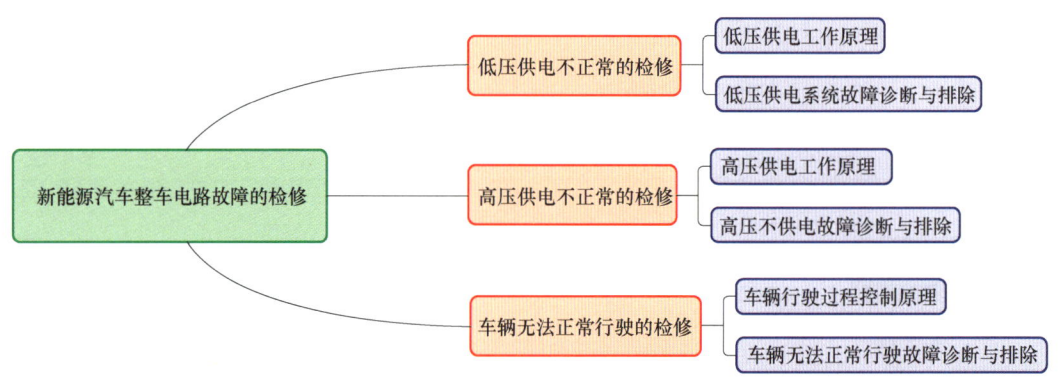

任务一 低压供电不正常的检修

【学习目标】

◎ 知识目标：

1) 掌握低压供电的工作原理。
2) 制订低压供电不正常的检修流程。

◎ 技能目标：

1) 具备正确操作车辆低压上电的能力。
2) 具备查阅电路图册，拆画低压电源系统电路图的能力。
3) 具备能依据维修手册，对低压电源系统进行故障诊断与排除的能力。

◎ 素养目标：

1) 能够在工作过程中与小组其他成员合作、交流，养成团队合作意识，锻炼沟通能力。
2) 能进行自我检讨，诚恳接受他人的批评。

项目七　新能源汽车整车电路故障的检修

3）培养学生良好的心理素质和较强的自控能力，具有较强的社会、环境适应能力。

【任务描述】

一辆吉利帝豪 EV450，行驶 5 万 km，按下一键起动开关后钥匙小灯闪烁，仪表不亮，转向盘不解锁，低压继电器不工作。根据故障现象，分析认为是防盗系统工作异常导致低压不供电，请根据低压供电工作原理和控制电路对故障进行诊断排除。

【获取信息】

吉利帝豪 EV450 具备一键起动功能，结构在此不再赘述，下面介绍低压供电过程。按下一键起动开关，BCM 接收到一键起动开关信号，激活天线发出低频信号寻找钥匙。钥匙接收到低频信号被唤醒，同时小灯闪烁，发送包含有车辆信息的高频信号至 BCM。BCM 通过内置高频接收器接收高频信号并判断合法性，车辆验证钥匙合法性后，会通过 CAN 总线发送电子转向柱解锁信号。BCM 接收到转向锁止解除信号后，BCM 的 IP23/32、IP23/15、IP23/31 端子发出高电平信号控制 ACC、IG1、IG2 继电器吸合，同时 BCM 的 IP23/1、IP20a/7、IP20a/8 端子接收继电器反馈信号，低压供电结束，如图 7-1 所示。

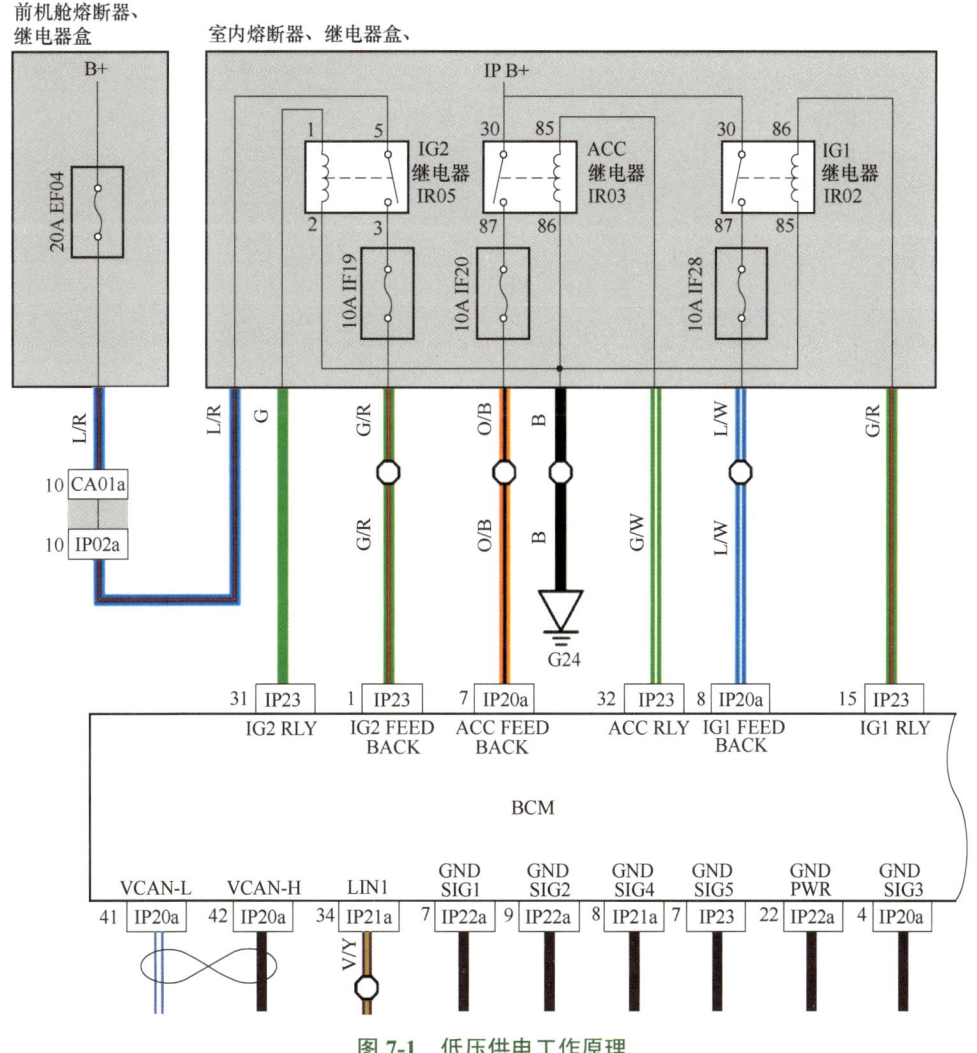

图 7-1　低压供电工作原理

163

温馨提示：

引起低压供电不正常的可能原因很多，同为纯电动汽车低压供电不正常，产生原因却不尽相同，只有不断地学习理论知识并进行实践操作，才能更好地掌握故障排除方法。

我国现代著名教育家黄炎培主张手脑并用，他认为"要使动手的读书，读书的动手，把读书和做工两下联系起来"，只有手脑联合才能产生智慧。这充分说明在理论指导下的实践操作能激发学生的学习兴趣，进而培养学生解决问题的能力。这些动手动脑的活动过程，既是学生活动欲望得到满足的过程，也是对知识进行体验、探索、应用的过程，同时，也是学生发展智力的过程和提高动手能力的过程。

引起低压供电不正常的可能原因有继电器故障、BCM 故障、一键起动系统故障、CAN 总线故障、防盗系统故障等，如图 7-2 所示。

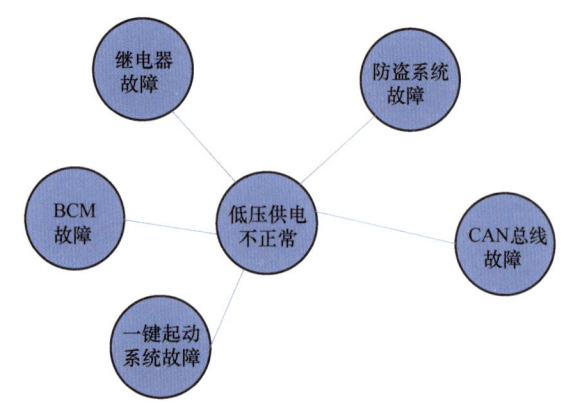

图 7-2　低压供电不正常的可能原因

【学习任务单】

低压供电不正常的检修	学习任务单	班级： 姓名：

1）电子转向柱解锁信号通过＿＿＿＿＿＿反馈给 BCM。

2）车辆验证钥匙合法性后，会通过＿＿＿＿＿＿发送电子转向柱解锁信号，同时控制＿＿＿＿＿＿继电器吸合，完成低压供电过程。

3）ACC、IG1、IG2 继电器工作是由＿＿＿＿＿＿控制。

4）简述低压供电过程。

【任务实施】 低压供电不正常的检修

◎ **实训器材：**

吉利帝豪 EV450、故障诊断仪、常用工具和维修手册等。

◎ **作业准备：**

检查举升机，车辆在工位停放周正，铺好车内和车外护套。

◎ 操作步骤：

一、确认故障现象

一辆吉利帝豪 EV450，行驶 5 万 km，按下一键起动开关，钥匙小灯闪烁，仪表不亮，转向盘不解锁，低压继电器不工作。

二、利用故障诊断仪诊断故障

连接故障诊断仪，按下一键起动开关，打开故障诊断仪，读取故障码和数据流，诊断仪显示 ESCL 未成功解锁，认证失败，车辆下电后，清除故障码，车辆再次上电后，使用故障诊断仪再次读取故障码并和之前的故障码进行对比，分析故障码的性质。

扫一扫

EV450 通信故障诊断

扫一扫

仪表信息无法正常显示故障诊断

三、故障检测

序号	操作示意图	操作方法	操作标准
1		测量辅助蓄电池电压，万用表红黑表笔分别接蓄电池正、负接线柱	正常情况下应为 11~14V
2		检查电子转向柱锁控制单元供电熔断器 IF06、IF28，分别测量输出端对地电压、熔断器电阻和输出端对地电阻	输出端对地电压标准值为 11~14V 熔断器电阻标准值为小于 1Ω 输出端对地电阻标准值为 ∞
3		检查电子转向柱锁控制单元低压电源、接地电阻，起动开关置于"OFF"状态，断开辅助蓄电池负极，拔掉线束插接器 IP34，使用万用表检测 IP34 供电、接地端子	供电电压标准值为 11~14V 接地电路标准电阻为小于 1Ω

165

（续）

序号	操作示意图	操作方法	操作标准
3		检查电子转向柱锁控制单元低压电源、接地电阻，起动开关置于"OFF"状态，断开辅助蓄电池负极，拔掉线束插接器IP34，使用万用表检测IP34供电、接地端子	供电电压标准值为11~14V 接地电路标准电阻为小于1Ω
4		检查电子转向柱锁控制单元与BCM的通信电路，从BCM上断开线束插接器IP20a，使用万用表测试IP34与IP20a之间的数据通信线束	电路标准电阻为小于1Ω

四、竣工检验

1）按照相反顺序安装电子转向柱锁控制单元线束插接器。

2）打开起动开关，确认故障是否恢复。

3）整理、恢复作业场地。

【工作任务单】

低压供电不正常的检修		工作任务单	班级：
			姓名：

1. 车辆信息记录

品牌		整车型号		生产年月	
驱动电机型号		动力蓄电池电量		行驶里程	
车辆识别代号					

2. 作业场地准备

检查设置隔离栏	□是 □否
检查设置安全警示牌	□是 □否
检查灭火器压力、有效期	□是 □否
安装车辆挡块	□是 □否

3. 记录故障现象

（续）

4. 使用故障诊断仪读取故障码、数据流	
故障码	
数据流	

5. 拆画电子转向柱锁控制单元电路图

6. 故障检测

检测对象	检测条件	检测值	标准值	结果判断

7. 故障确认

故障点	故障类型	维修措施

8. 竣工检验

车辆是否正常上电	□是 □否
转向柱是否解锁	□是 □否

9. 作业场地恢复

拆卸车内三件套	□是 □否
拆卸翼子板布	□是 □否
将高压警示牌等放至原位置	□是 □否
清洁、整理场地	□是 □否

167

【课证融通考评单】

低压供电不正常的检修		实习日期:	
姓名:	班级:	学号:	教师签名:
自评：□熟练 □不熟练	互评：□熟练 □不熟练	师评：□合格 □不合格	
日期：	日期：	日期：	

低压供电不正常的检修【评分细则】

序号	评分项	得分条件	分值	评分要求	自评	互评	师评
1	安全/7S/态度	□1）能进行工位7S操作 □2）能进行设备和工具安全检查 □3）能进行车辆安全防护操作 □4）能进行工具清洁、校准、存放操作 □5）能进行三不落地操作	15	未完成1项扣3分，扣分不得超过15分	□熟练 □不熟练	□熟练 □不熟练	□合格 □不合格
2	专业技能能力	□1）能正确地确认故障现象 □2）能规范地拆卸转向柱锁控制单元插接器 □3）能正确地测量辅助蓄电池电压 □4）能正确地检测转向柱锁控制单元线束插接器端子电压 □5）能正确地检测转向柱锁控制单元线束插接器端子电阻 □6）能确认转向柱锁控制单元故障部位 □7）能规范地修复转向柱锁控制单元故障部位 □8）能规范地验证转向柱锁功能	50	未完成1项扣6分	□熟练 □不熟练	□熟练 □不熟练	□合格 □不合格
3	工具及设备的使用能力	□1）能正确地使用故障诊断仪 □2）能正确地使用万用表	10	未完成1项扣3分	□熟练 □不熟练	□熟练 □不熟练	□合格 □不合格
4	资料、信息查询能力	□1）能正确地查询线束插接器端子含义 □2）能正确地使用维修手册查询资料 □3）能正确地记录所需维修信息	10	未完成1项扣3分	□熟练 □不熟练	□熟练 □不熟练	□合格 □不合格
5	数据判断和分析能力	□1）能判断辅助蓄电池电压是否正常 □2）能判断转向柱锁控制单元供电是否正常 □3）能判断转向柱锁控制单元搭铁是否正常 □4）能判断信号数据通信是否正常	10	未完成1项扣3分，扣分不得超过10分	□熟练 □不熟练	□熟练 □不熟练	□合格 □不合格
6	表单填写报告的撰写能力	□1）字迹清晰 □2）语句通顺 □3）无错别字 □4）无涂改 □5）无抄袭	5	未完成1项扣1分，扣分不得超过5分	□熟练 □不熟练	□熟练 □不熟练	□合格 □不合格

总分：

项目七 新能源汽车整车电路故障的检修

任务二 高压供电不正常的检修

【学习目标】

◎ 知识目标：

1）掌握高压上电和下电工作原理。

2）制订高压供电不正常的检修流程。

◎ 技能目标：

1）具备正确操作车辆高压上电的能力。

2）具备查阅电路图册，拆画高压电源系统电路图的能力。

3）具备依据维修手册，对高压电源系统进行故障诊断与排除的能力。

◎ 素养目标：

1）培养学生的责任感、良好的团队合作精神和客户服务意识。

2）培养学生良好的科学文化素质、专业业务素质和科学创新的意识。

3）培养学生乐观、向上、宽容的态度，承受挫折、百折不挠的精神。

【任务描述】

一辆吉利帝豪 EV450，行驶 5 万 km，踩下制动踏板，按下一键起动开关，仪表显示多个故障指示灯，"READY"指示灯不亮，高压上电失败，根据故障现象，经过检查，分析为 MCU 通信失败导致高压不供电，请根据高压供电工作原理和控制电路对故障进行诊断排除。

【获取信息】

为了确保整车上下电的安全性和可靠性，必须严格定义上下电流程，各电气部件的上下电必须经过控制器及时反馈给 BMS，进行握手确认后再执行下一步操作，避免意外产生。

1. 上电过程

驾驶人踩下制动踏板，按下一键起动开关，防盗解除后，BCM 控制 ACC、IG1、IG2 继电器工作，低压供电，整车各个模块进入自检状态，同时唤醒所有 CAN 总线。在这个阶段，各模块读取自身系统故障码，同时检测各自高压互锁是否完整。如果某个模块出现故障码、高压互锁、单体蓄电池电压温度、CAN 通信、动力系统防盗有一项异常，将停止上电流程，且系统生成并存储故障码，同时通过 V-CAN 总线发送至仪表点亮相应故障指示灯。自检完成后，各模块与 VCU 进行互检，VCU 检测各模块正常满足上电条件后，通过 P-CAN 总线发送至 BMS。

BMS 闭合主负继电器，同时对主负继电器断路、预充电阻断路、预充继电器粘连、主正继电器粘连进行检测，如果检测没有问题，闭合预充继电器。由于驱动电机及高压电路中包括电容元件，为防止过大电流对这些元件造成冲击，如果主负继电器闭合检测成功，则闭合预充继电器，进入预充电状态。

在预充电阶段，BMS 对预充继电器、高压绝缘故障进行检测，如果发现异常，将停止上电，同时生成故障码，点亮故障指示灯。

电容两端电压达到母线电压的 90% 时，BMS 闭合主正继电器，并对主正继电器断路进行检测。如果检测通过，则断开预充继电器进入放电模式。BMS 通过 P-CAN 向 VCU 发送系统准备完成、高压系统已上电的信号，组合仪表接收到 VCU 发送的信号后，点亮仪表上绿色的"READY"指示灯，上电开始，上电整个过程如图 7-3 所示。

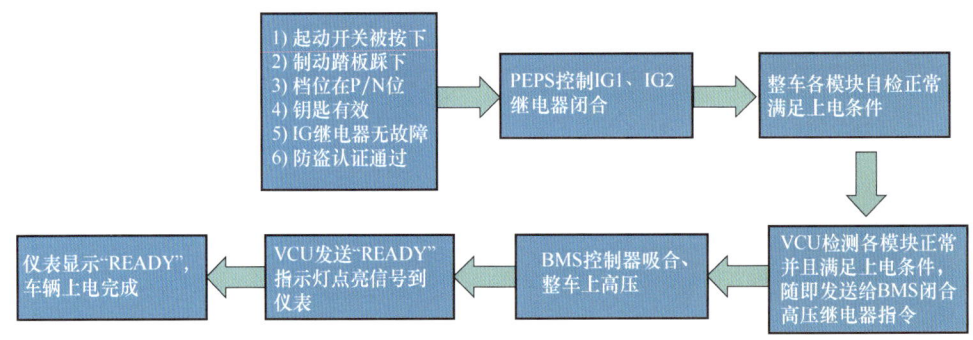

图 7-3　上电过程

2. 下电过程

在车辆下电时，BCM 接收到起动开关的"OFF"命令，通过 V-CAN 总线发送至 VCU，VCU 解析信号后通过 P-CAN 发送至 BMS、DC/DC 变换器和 MCU、OBC 等。BMS 接收到起动开关的"OFF"命令，依次断开主正继电器和主负继电器，高压下电。

动力蓄电池高压下电后，BMS 将高压下电信号通过 P-CAN、VCU、V-CAN 总线发送至 BCM，BCM 接收到此信号后，断开 ACC、IG1、IG2 继电器，低压下电，整车进入下电状态。下电过程如图 7-4 所示。

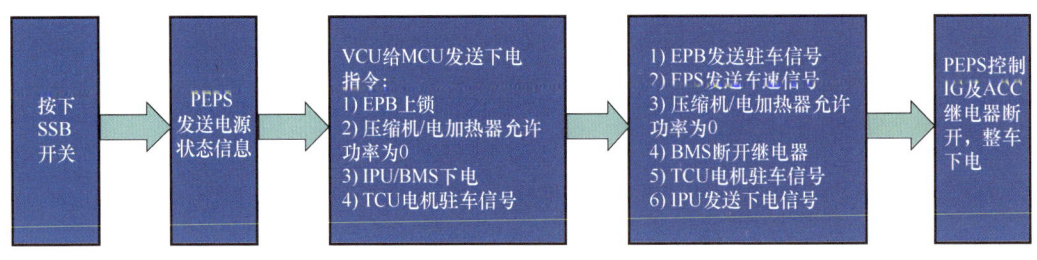

图 7-4　下电过程

导致高压不上电的原因主要有绝缘故障、通信故障、高压互锁故障、接触器控制回路故障、动力蓄电池电量过低、制动开关故障等。新能源汽车具有高压系统，车辆绝缘状况关乎驾乘人员的生命财产安全。驱动电机、动力蓄电池、整车控制系统是纯电动汽车的三大核心，一般情况下当车辆出现绝缘故障、驱动电机故障和动力蓄电池系统故障时，车辆仪表会有相应故障指示灯点亮，通过对仪表观察，可以得出车辆大致故障范围。

温馨提示：

纯电动汽车上具有 B 级电压范围的高压系统，在车辆试制、生产、使用和维修保养时，都可能会给驾乘人员和操作人员带来触电风险，因此要对高压系统及零部件进行研究和探索，确保能规范使用和维修纯电动汽车。

不仅在汽车维修领域要具有探索精神，在社会生产和生活的各个领域都要勇于探索。为满足国家在深海领域科学研究、资源开发和国家安全的重大战略需求，早在 2002 年就启动了"蛟龙"号载人潜水器的自行设计、自主集成研制工作，继而研发团队攻坚克难，技术不断革新，又自主研发了"奋斗者"号，截至 2021 年底，"奋斗者"号已完成 21 次万米下潜，已有 27 位科学家通过"奋斗者"号载人潜水器到达过全球海洋最深处。

【学习任务单】

高压供电不正常的检修	学习任务单	班级：
		姓名：

1）高压上电过程中包含有＿＿＿＿＿，＿＿＿＿＿和＿＿＿＿＿接触器。

2）高压上电过程中 BMS 首先控制＿＿＿＿＿接触器闭合。

3）VCU 检测各模块正常满足上电条件后，通过＿＿＿＿＿总线发送至 BMS。

4）组合仪表接收到＿＿＿＿＿发送的信号后，点亮仪表上绿色的"READY"指示灯。

5）导致高压不上电的原因主要有＿＿＿＿＿、＿＿＿＿＿、＿＿＿＿＿、接触器控制回路故障和动力蓄电池电量过低等。

【任务实施】 高压供电不正常的检修

◎ **实训器材：**

吉利帝豪 EV450、故障诊断仪、常用工具和维修手册等。

◎ **作业准备：**

检查举升机，车辆在工位停放周正，铺好车内和车外护套。

◎ **操作步骤：**

一、确认故障现象

踩下制动踏板，按下一键起动开关，仪表显示多个故障指示灯，"READY"指示灯不亮，高压上电失败。

二、利用故障诊断仪诊断故障

连接故障诊断仪，按下一键起动开关，打开故障诊断仪，发现 MCU 模块无法通信，

扫一扫

高压互锁故障诊断

扫一扫

高压系统绝缘电阻检测

VCU 报与 MCU 通信丢失。车辆下电后，清除故障码，车辆再次上电后，使用故障诊断仪再次读取故障码并和之前的故障码进行对比，分析故障码的性质。

三、故障检测

序号	操作示意图	操作方法	操作标准
1		测量辅助蓄电池电压，万用表红黑表笔分别接蓄电池正负接线柱	正常情况下应为 11~14V
2		检查 MCU 供电熔断器 IF18、EF32，分别测量其输出端对地电压、熔断器电阻和输出端对地电阻	输出端对地电压标准值为 11~14V 熔断器电阻标准值为小于 1Ω 输出端对地电阻标准值为 ∞
3		检查 MCU 低压电源和接地电阻，起动开关置于"OFF"状态，断开辅助蓄电池负极，拔掉线束插接器 BV11，使用万用表检测 BV11 供电电压和接地端子的接地电阻	供电电压标准值：11~14V 接地电路标准电阻为小于 1Ω
4		检查 MCU 通信电路，从 MCU 上断开线束插接器 BV11，使用万用表测试 CA66 与 BV11 之间的数据通信线束	电路标准电阻为小于 1Ω

四、竣工检验

1）按照相反顺序安装 MCU 控制单元线束插接器。

2）打开起动开关，确认故障是否恢复。

3）整理、恢复作业场地。

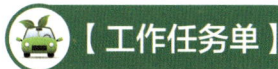【工作任务单】

高压供电不正常的检修	工作任务单	班级：	
		姓名：	
1. 车辆信息记录			
品牌		整车型号		生产年月	
驱动电机型号		动力蓄电池电量		行驶里程	
车辆识别代号				
2. 作业场地准备			
检查设置隔离栏			□是 □否
检查设置安全警示牌			□是 □否
检查灭火器压力、有效期			□是 □否
安装车辆挡块			□是 □否
3. 记录故障现象			
4. 使用故障诊断仪读取故障码、数据流			
故障码			
数据流			
5. 拆画 MCU 单元电路图			

(续)

6. 故障检测

检测对象	检测条件	检测值	标准值	结果判断

7. 故障确认

故障点	故障类型	维修措施

8. 竣工检验

车辆是否正常上电	□是 □否
故障指示灯是否熄灭	□是 □否

9. 作业场地恢复

拆卸车内三件套	□是 □否
拆卸翼子板布	□是 □否
将高压警示牌等放至原位置	□是 □否
清洁、整理场地	□是 □否

【课证融通考评单】

高压供电不正常的检修	实习日期：		
姓名：	班级：	学号：	教师签名：
自评：□熟练 □不熟练	互评：□熟练 □不熟练	师评：□合格 □不合格	
日期：	日期：	日期：	

高压供电不正常的检修【评分细则】

序号	评分项	得分条件	分值	评分要求	自评	互评	师评
1	安全/7S/态度	□1）能进行工位 7S 操作 □2）能进行设备和工具安全检查 □3）能进行车辆安全防护操作 □4）能进行工具清洁、校准、存放操作 □5）能进行三不落地操作	15	未完成1项扣3分，扣分不得超过15分	□熟练 □不熟练	□熟练 □不熟练	□合格 □不合格
2	专业技能能力	□1）能正确地确认故障现象 □2）能规范地拆卸 MCU 线束插接器 □3）能正确地测量辅助蓄电池电压 □4）能正确地检测 MCU 线束插接器端子电压 □5）能正确地检测 MCU 线束插接器端子电阻 □6）能修复 MCU 系统故障部位	50	未完成1项扣6分	□熟练 □不熟练	□熟练 □不熟练	□合格 □不合格

项目七 新能源汽车整车电路故障的检修

（续）

序号	评分项	得分条件	分值	评分要求	自评	互评	师评
3	工具及设备的使用能力	□1）能正确地使用故障诊断仪 □2）能正确地使用万用表	10	未完成1项扣3分	□熟练 □不熟练	□熟练 □不熟练	□合格 □不合格
4	资料、信息查询能力	□1）能正确地查询线束插接器端子含义 □2）能正确地使用维修手册查询资料 □3）能正确地记录所需维修信息	10	未完成1项扣3分	□熟练 □不熟练	□熟练 □不熟练	□合格 □不合格
5	数据判断和分析能力	□1）能判断辅助蓄电池电压是否正常 □2）能判断MCU供电是否正常 □3）能判断MCU搭铁是否正常 □4）能判断信号数据通信是否正常	10	未完成1项扣3分，扣分不得超过10分	□熟练 □不熟练	□熟练 □不熟练	□合格 □不合格
6	表单填写报告的撰写能力	□1）字迹清晰 □2）语句通顺 □3）无错别字 □4）无涂改 □5）无抄袭	5	未完成1项扣1分，扣分不得超过5分	□熟练 □不熟练	□熟练 □不熟练	□合格 □不合格

总分：

任务三　车辆无法正常行驶的检修

◎ **知识目标：**

1）掌握车辆无法正常行驶的原因。

2）制订车辆无法正常行驶的检修流程。

◎ **技能目标：**

1）具备正确恢复车辆正常行驶的能力。

2）具备查阅电路图册，拆画加速踏板位置传感器电路图的能力。

3）具备依据维修手册，对车辆无法正常行驶进行故障诊断与排除的能力。

◎ **素养目标：**

1）培养学生健康的世界观、人生观、价值观和良好的公德与职业道德。

2）培养学生团队协作精神、吃苦精神、奉献精神和创新精神。

【任务描述】

一辆吉利帝豪 EV450，行驶 5 万 km，踩下制动踏板，按下一键起动开关，车辆正常上电，档位切换到 D 位或 R 位，释放 EPB，松开制动踏板，踩加速踏板，车辆运行，但是加速时速度不超过 6km/h，同时仪表右侧能量回收条闪烁。根据故障现象，经过检查，分析是加速踏板位置传感器故障导致车辆无法正常行驶，请根据加速踏板位置传感器的工作原理对故障进行诊断排除。

【获取信息】

一、工作原理

纯电动汽车无法正常行驶的原因，可以分为机械系统故障和电气系统故障。机械系统故障如减速器故障、悬架故障、半轴故障等，此处不再赘述。

纯电动汽车在电气系统上可以分为低压控制系统和高压供电系统。低压控制系统以VCU为控制中心，如图7-5所示。VCU主要判断驾驶人意愿，根据车辆行驶状态、动力蓄电池和驱动电机系统状态合理地分配动力，使车辆在最佳状态下运行。VCU通过CAN总线实时与驱动电机系统、蓄电池管理系统等通信，并通过加速踏板、制动踏板、档位、车速等信号获取整车状态并判断出当前需要的整车工作模式，如起步、加速、减速和制动能量回收等。

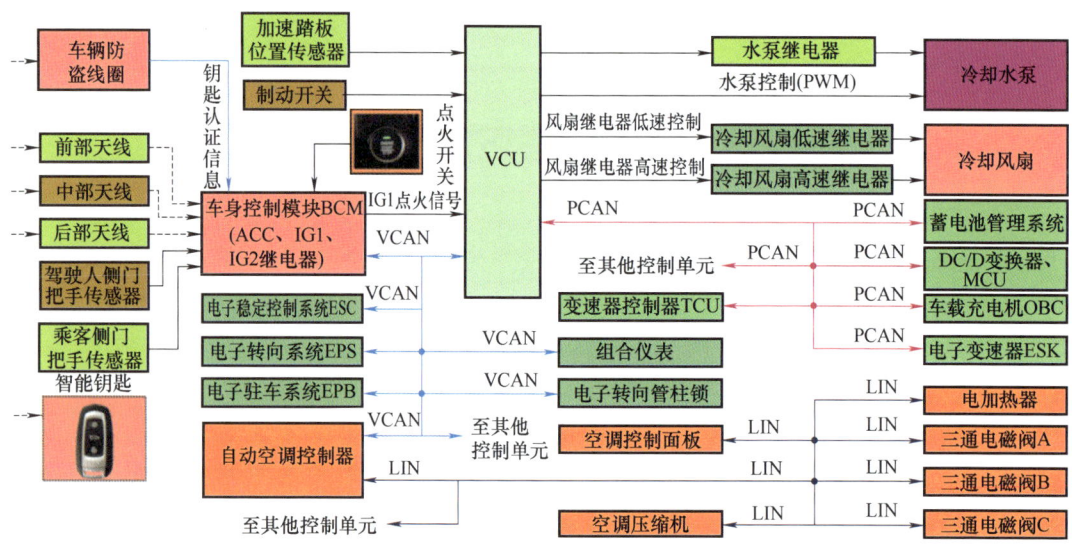

图 7-5 低压控制系统

纯电动汽车有一套高压供电系统，如图7-6所示。高压供电系统由动力蓄电池为MCU、驱动电机、电动压缩机、电加热器等高压部件提供能量。此外动力蓄电池还有一套直流快充充电系统和一套交流慢充充电系统。这些所有的高压部件都由高压配电系统连接输送电能。

在VCU判定低压控制系统和高压供电系统正常的情况下，VCU根据当前工况和驾驶人意图控制车辆正常行驶。因此，低压控制系统或高压供电系统故障均会造

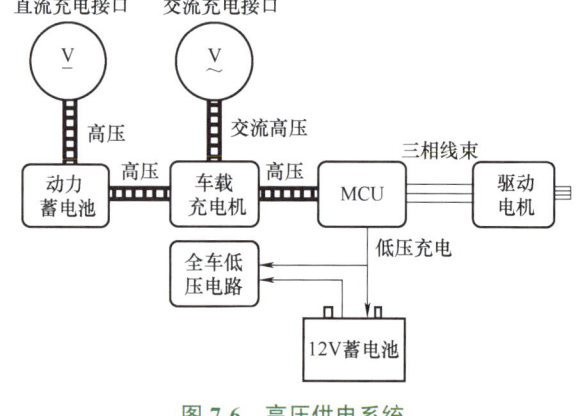

图 7-6 高压供电系统

成车辆无法正常行驶。

二、电路分析

加速踏板位置传感器主要用于检测加速踏板的开度，并把该信号转换成驾驶人对车辆操作意图的电子信号，输送给VCU，VCU内部运算处理后，把此信号转换成驱动电机转速、转矩的目标电子信号，通过CAN总线把信号传输给MCU，以驱动车辆正常行驶。

为保障系统安全，加速踏板位置传感器设计成双输出传感器，分别由两个电位计式传感器组成，两个传感器在同一基准电压下工作，基准电压由VCU提供。

随着加速踏板位置的改变，电位计滑动触点与其他端子之间的阻值也发生线性变化，如图7-7所示。由此产生能反映加速踏板踩踏量大小和变化速率的电压信号，并输入到VCU，这两个传感器与加速踏板制成一体。

吉利帝豪EV450加速踏板位置传感器电路原理图如图7-8所示，加速踏板位置传感器分别有各自的供电电源、搭铁和信号电路。传感器1的信号电压由于增加了一个分压电阻R，电压范围在0.73~4.49V间变化。传感器2的信号由于没有分压电阻分压，电压范围在0.35~2.25V间变化。

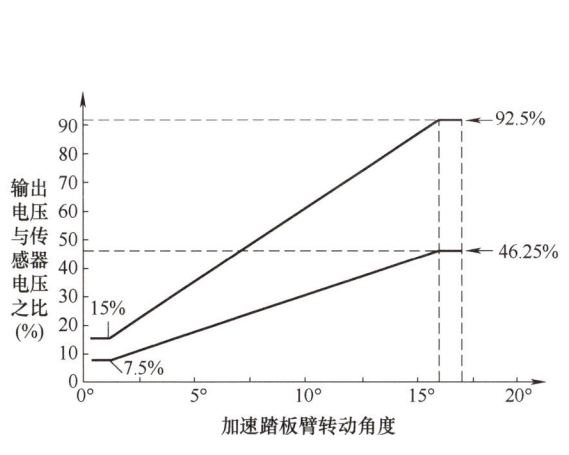

图7-7 加速踏板位置曲线图

图7-8 加速踏板位置传感器电路原理图

VCU通过CA67/100、CA67/99端子输出5V电源至加速踏板位置传感器1的IP63/2端子和加速踏板位置传感器2的IP63/1端子，分别为传感器1和传感器2提供5V参考电压，通过CA67/124端子与加速踏板位置传感器的IP63/3端子之间的电路为传感器1提供搭铁回路，CA67/123端子与加速踏板位置传感器的IP63/5端子之间的电路为传感器2提供搭铁回路。最后经过传感器的IP63/4端子与VCU的CA67/111端子之间的电路将反映加速踏板位置传感器1位置的信号输送给VCU，传感器的IP63/6端子与VCU的CA67/112端子之间的电路将反映加速踏板位置传感器2位置的信号输送给VCU。

加速踏板位置传感器 1 为车辆速度和转矩需求的辅助信号，加速踏板位置传感器 2 为车辆速度和转矩需求的主信号。如果传感器 1 出现故障，VCU 将采用传感器 2 信号作为依据，对车辆进行控制。如果传感器 2 出现故障，VCU 将起动系统保护功能，即驱动电机限功率，踩加速踏板加速时车辆速度无法提升。

> **温馨提示：**
>
> 　　一般纯电动汽车由 10000 多个零部件组成，要使它能正常使用，首先要保证核心零部件的性能良好。纯电动汽车具有"蝴蝶效应"，即在整部汽车中，初始条件下某一零部件存在微小偏差，会引起整个车辆长期的巨大的连锁反应。因此，每个零部件的生产、装配，每根线束的布线、连接等都应精益求精，这正是当代劳动者执着专注、追求卓越的工匠精神的体现。
> 　　我国自古就有尊崇和弘扬工匠精神的传统。《诗经》中的"如切如磋，如琢如磨"，反映的就是古代工匠在雕琢器物时精雕细琢的工作态度，这种精益求精的精神品质早已融入中华民族的文化血液。
> 　　奋斗创造历史，实干成就未来。在通往中华民族伟大复兴的征程上，更需锻造灼灼匠心，在平凡岗位上创造不凡，用干劲、闯劲、钻劲谱写美好生活新篇章，让新时代工匠精神激励鼓舞更多人。

【学习任务单】

车辆无法正常行驶故障的检修	学习任务单	班级：
		姓名：

1）加速踏板位置传感器主要用于检测_____，并把信号发送给_____。

2）VCU 供给传感器电路_____参考电压。

3）吉利帝豪 EV450 采用_____加速踏板位置传感器以分压电路原理工作。

4）吉利帝豪 EV450 加速踏板位置传感器 1 提供_____信号，加速踏板位置传感器 2 提供_____信号。

【任务实施】车辆无法正常行驶的检修

◎ **实训器材：**

吉利帝豪 EV450、故障诊断仪、常用工具和维修手册等。

◎ **作业准备：**

检查举升机，车辆在工位停放周正，铺好车内和车外护套。

◎ **操作步骤：**

一、确认故障现象

踩下制动踏板，按下一键起动开关，车辆正常上电，档位切换到 D 位或 R 位，释放 EPB，松开制动踏板，踩加速踏板，车辆运行，但是加速时速度不超过 6km/h，同时仪表

扫一扫
车辆无法加速故障诊断

扫一扫
车辆无法换档故障诊断

右侧能量回收条闪烁。

二、利用故障诊断仪诊断故障

连接故障诊断仪，按下一键起动开关，打开故障诊断仪，VCU 报加速踏板信号 2 断路或对地短路。车辆下电后，清除故障码，车辆再次上电后，使用故障诊断仪再次读取故障码并和之前的故障码进行对比，分析故障码的性质。

三、故障检测

序号	操作示意图	操作方法	操作标准
1		测量辅助蓄电池电压，用万用表红黑表笔分别接蓄电池正负接线柱	正常情况下应为 11~14V
2		检查加速踏板位置传感器信号电压，打开起动开关，背插 VCU 的 CA67/112 端子、加速踏板位置传感器的 IP63/6 端子，匀速踩下加速踏板，观察电压	输出端对地电压标准值为 0.35~2.25V 熔断器电阻标准值为小于 1Ω 输出端对地电阻标准值为 ∞
3		检查加速踏板位置传感器信号电路对地是否短路，关闭起动开关，测量加速踏板位置传感器的 IP63/6 端子、VCU 的 CA67/112 端子对地电阻	对地电阻标准值为 ∞ 供电电压标准值为 11~14V 接地电路标准电阻为小于 1Ω
4		检查加速踏板位置传感器供电电压，打开起动开关，背插 VCU 的 CA67/99 端子、加速踏板位置传感器的 IP63/1 端子，匀速踩下加速踏板，观察电压	标准电压为 5V

179

新能源汽车电气技术

四、竣工检验

1）按照相反顺序安装加速踏板位置传感器线束插接器。

2）打开起动开关，确认故障是否恢复。

3）整理、恢复作业场地。

【工作任务单】

车辆无法正常行驶的检修	工作任务单	班级：
		姓名：

1. 车辆信息记录

品牌		整车型号		生产年月	
驱动电机型号		动力蓄电池电量		行驶里程	
车辆识别代号					

2. 作业场地准备

检查设置隔离栏	□是 □否
检查设置安全警示牌	□是 □否
检查灭火器压力、有效期	□是 □否
安装车辆挡块	□是 □否

3. 记录故障现象

4. 使用故障诊断仪读取故障码、数据流

故障码	
数据流	

5. 拆画加速踏板位置传感器电路图

（续）

6. 故障检测

检测对象	检测条件	检测值	标准值	结果判断

7. 故障确认

故障点	故障类型	维修措施

8. 竣工检验

车辆是否正常上电	□是　□否
车辆是否正常行驶	□是　□否

9. 作业场地恢复

拆卸车内三件套	□是　□否
拆卸翼子板布	□是　□否
将高压警示牌等放至原位置	□是　□否
清洁、整理场地	□是　□否

【课证融通考评单】

车辆无法正常行驶的检修		实习日期：		
姓名：	班级：	学号：	教师签名：	
自评：□熟练　□不熟练	互评：□熟练　□不熟练	师评：□合格　□不合格		
日期：	日期：	日期：		
车辆无法正常行驶的检修【评分细则】				

序号	评分项	得分条件	分值	评分要求	自评	互评	师评
1	安全/7S/态度	□1）能进行工位 7S 操作 □2）能进行设备和工具安全检查 □3）能进行车辆安全防护操作 □4）能进行工具清洁、校准、存放操作 □5）能进行三不落地操作	15	未完成 1 项扣 3 分，扣分不得超过 15 分	□熟练 □不熟练	□熟练 □不熟练	□合格 □不合格

(续)

序号	评分项	得分条件	分值	评分要求	自评	互评	师评
2	专业技能能力	☐1）能正确地确认故障现象 ☐2）能规范地拆卸加速踏板位置传感器线束插接器 ☐3）能正确地测量辅助蓄电池电压 ☐4）能正确地检测加速踏板位置传感器线束插接器端子电压 ☐5）能正确地检测加速踏板位置传感器线束插接器端子电阻 ☐6）能确认加速踏板位置传感器系统故障部位 ☐7）能规范地修复加速踏板位置传感器故障部位 ☐8）能规范地验证加速踏板位置传感器功能	50	未完成1项扣6分	☐熟练 ☐不熟练	☐熟练 ☐不熟练	☐合格 ☐不合格
3	工具及设备的使用能力	☐1）能正确地使用故障诊断仪 ☐2）能正确地使用万用表	10	未完成1项扣3分	☐熟练 ☐不熟练	☐熟练 ☐不熟练	☐合格 ☐不合格
4	资料、信息查询能力	☐1）能正确地查询线束插接器端子含义 ☐2）能正确地使用维修手册查询资料 ☐3）能正确地记录所需维修信息	10	未完成1项扣3分	☐熟练 ☐不熟练	☐熟练 ☐不熟练	☐合格 ☐不合格
5	数据判断和分析能力	☐1）能判断辅助蓄电池电压是否正常 ☐2）能判断加速踏板位置传感器供电是否正常 ☐3）能判断加速踏板位置传感器搭铁是否正常 ☐4）能判断信号数据通信是否正常	10	未完成1项扣3分，扣分不得超过10分	☐熟练 ☐不熟练	☐熟练 ☐不熟练	☐合格 ☐不合格
6	表单填写报告的撰写能力	☐1）字迹清晰 ☐2）语句通顺 ☐3）无错别字 ☐4）无涂改 ☐5）无抄袭	5	未完成1项扣1分，扣分不得超过5分	☐熟练 ☐不熟练	☐熟练 ☐不熟练	☐合格 ☐不合格

总分：

 项目测评

一、填空题

1）车辆验证钥匙合法性后，会通过_____发送电子转向柱解锁信号。

2）纯电动汽车无法正常行驶的原因，可以分为_____故障和_____故障。

3）在预充阶段，BMS对预充继电器、高压绝缘故障进行检测，如果发现异常，将停止_____，同时生成故障码，点亮_____。

4）在车辆下电时，BCM接收到起动开关的"OFF"命令，通过V-CAN总线发送至VCU，VCU解析信号后通过P-CAN发送至BMS、DC/DC变换器和MCU、OBC等。BMS接收到起动开关"OFF"命令，依次断开_____，高压_____。

二、简答题

1. 导致高压不上电故障的原因主要有哪些?

2. 简述高压上电过程。

3. 高压供电系统由哪几部分组成?

4. 简述加速踏板位置传感器的工作原理。

参 考 文 献

［1］蔡兴旺，康晓清.新能源汽车结构与维修［M］.2版.北京：机械工业出版社，2018.
［2］关云霞，梁晨.新能源汽车技术［M］.2版.北京：机械工业出版社，2022.
［3］何忆斌，侯志华.新能源汽车驱动电机技术［M］.2版.北京：机械工业出版社，2021.
［4］赵宇，刘凤珠.新能源汽车电控技术［M］.北京：机械工业出版社，2019.
［5］王显廷.新能源汽车电气系统检修［M］.北京：机械工业出版社，2016.
［6］胡振川，王超，等.新能源汽车电气构造与维修［M］.重庆：重庆大学出版社，2021.